Wolfgang Koeppen

Ohne Absicht

Gespräch mit Marcel Reich-Ranicki
in der Reihe
»Zeugen des Jahrhunderts«

herausgegeben von Ingo Hermann

Lamuv

Bitte fordern Sie unser kostenloses Gesamtverzeichnis an:
Lamuv Verlag, Postfach 26 05, D-37016 Göttingen

1. Auflage Juli 1994
© Copyright Lamuv Verlag GmbH, Göttingen 1994
Alle Rechte vorbehalten

Umschlaggestaltung: Gerhard Steidl unter Verwendung eines Fotos von
Isolde Ohlbaum
Gesamtherstellung: Steidl, Göttingen
Printed in Germany
ISBN 3-88977-360-5

Inhaltsverzeichnis

Anhang

Ohne Absicht

Das Gespräch wurde im Oktober 1985 aufgezeichnet

Alptraum Greifswald

Herr Koeppen, über Ihre Bücher ist vieles veröffentlicht worden: allerlei Mutmaßungen, Spekulationen, Urteile. Ich hätte gern gewußt, was Sie von all dem halten, wie Sie Ihr eigenes Werk sehen. Ich werde Ihnen daher Fragen stellen, die auch ins Private, ins Persönliche, ins Indiskrete gehen. Ich bitte Sie, diesen Fragen nicht auszuweichen.

Sie waren 1985, nach einem halben Jahrhundert, zum erstenmal in Ihrer Geburtsstadt Greifswald, wohl auf der Suche nach Ihrer Jugend, Ihrer Kindheit. Was haben Sie dort in Greifswald, in der DDR, erlebt, gesehen?

Ja, ich war in Greifswald. Aber diese Stadt ist kein Anziehungspunkt für mich. Sie ist eher ein Schrecken, ein Trauma. Ich habe Greifswald nie gemocht und bin auch als Kind höchstens zwei Jahre dort gewesen. 1933 war ich mal in Greifswald. Das hatte aber nichts mit einem Besuch zu tun, sondern es wurden 1933 Aufnahmen für einen UFA-Film gemacht. Ich war Redakteur bei einer Berliner Zeitung und reiste zu diesen Aufnahmen. Ich teilte ein Schlafwagenabteil mit Siegfried Kracauer. Es waren überhaupt eine ganze Reihe bedeutender Journalisten, hauptsächlich Filmjournalisten auf dieser Fahrt, und es ergab sich fast von selbst, daß wir auf dieser Reise spielten, als ob das Jahr 1933 noch gar nicht geschehen sei. Wir spielten einen alten UFA-

Film nach. Das war ganz komisch, und auf der Rückfahrt bin ich – der Zug ging von Rügen nach Berlin – in Greifswald ausgestiegen. Ich besuchte die Stadt als Fremder, und es machte mir Spaß.

Sprechen Sie von 1933 oder von jetzt?

Ich spreche von 1933, und ich spielte, daß ich ein vornehmer Reisender sei, der im ersten Hotel von Greifswald abstieg, im Nordischen Hof, mit Blick auf den Fischmarkt und auf ein schönes Hotel. Ich ging am Abend in das Greifswalder Theater, zu dem ich eine große Verbindung hatte. Ich wollte über diese Aufführung eine Kritik schreiben für den »Berliner Börsen-Courier«. Aber die Aufführung war so schlecht, daß es pure Satire und Ironie geworden wäre, wenn ich im »Börsen-Courier« darüber geschrieben hätte. Ich ließ es. Das war mein letzter Aufenthalt in Greifswald.

1985 war ich in Greifswald, weil ich es noch einmal sehen wollte. Es ergab sich die Gelegenheit, daß ich eine Einladung zu einer Lesung in Berlin hatte, und zwar durch die Ständige Vertretung der Bundesrepublik in Ost-Berlin. Hinzu kam eine Einladung zu einer Lesung von meinem Ost-Berliner Verlag Volk und Welt. Ich dachte, die Ständige Vertretung der Bundesrepublik würde darüber verstimmt sein, daß ich auch in diesem Ost-Berliner Verlag lesen würde und daß umgekehrt das gleiche eintrete. Das war aber gar nicht der Fall, sondern beide waren sehr freundlich und eigentlich davon angetan, daß ich auch auf der Gegenseite lese. Und durch die Ständige Vertretung kam ich dazu, daß man so freundlich war, mir einen Wagen mit Chauffeur zu einer Fahrt nach Greifswald zur Verfügung zu stellen.

Diese Fahrt habe ich gemacht, sehr neugierig und durch diesen Wagen sozusagen exterritorial. Aber Gott – ich hatte mir nichts Sonderliches davon versprochen, eigentlich eher, daß es bedrückend sein würde. Aber die Bedrückung war noch viel größer, als ich gedacht hatte. Ich möchte gleich sagen, daß das nichts mit der DDR zu tun hat. Ich hatte während meines ganzen Aufenthalts in Greifswald das Gefühl: Gott sei Dank, daß ich rechtzeitig abgehauen bin! Aber dieses »Rechtzeitig abgehauen« war schon im Jahre 1926 und hat mit den politischen Entwicklungen in der DDR überhaupt nichts zu tun.

Ich fand Greifswald schrecklich, beklemmend. Nun kommt hinzu, daß man in der DDR diese Stadt verfallen ließ. Sie ist an sich schon bedrückend. Sie ist ein Alptraum, war sie jedenfalls für mich, und jetzt sind alle Häuser im Verfall. Dieser Verfall macht die Straßen noch grauer, noch enger. Ich wollte das Haus besuchen, in dem ich zuletzt mit meiner Mutter gewohnt habe. Ich konnte nicht hinein. Die Türen waren vernagelt, da das Haus am Einstürzen ist. Ich dachte, als ich durch diese Straßen gegangen war, daran, daß ich dort eine Zeitlang versucht habe, zu studieren, und wie schrecklich es eigentlich war und jetzt noch schrecklicher geworden ist. Denn um Greifswald herum hat sich nun der Zirkel einer Satellitenstadt entwickelt, fast wolkenhohe Häuser,

11

die um die Stadt herum gebaut worden sind und sie einkesseln. Diese Stadt ist aufgegeben, und unwillkürlich hat man das Gefühl, wenn man die wenigen Leute auf den Straßen sieht, sind das Leute, die irgendwie überlebt haben und sich da nur noch aufhalten.

Herr Koeppen, Sie haben Greifswald, sagten Sie, in Ihren frühen Jahren als einen Alptraum empfunden. Ich glaube, das hat nichts mit Greifswald, aber wohl mit Ihnen zu tun. Wären Sie in Magdeburg, Göttingen oder Flensburg aufgewachsen, hätten Sie nicht Flensburg oder Magdeburg auch als einen Alptraum erlebt?

Das glaube ich nicht. Die Städte, die Sie anführen, vermitteln mir nicht sofort den Gedanken an Alptraum und Weggehenwollen.

Ich hatte keinen Vater

Ich habe eine Vermutung, warum Ihr Verhältnis zu Greifswald anders ist. In Ihrem Buch »Jugend«, einem unzweifelhaft autobiographischen Buch, heißt es, daß Sie das Kind eines in die Luft gestiegenen, in den Wolken verschwundenen Vaters seien. Das ist unmißverständlich. Frage: Was wissen Sie über Ihren Vater?

Ach Gott, ich weiß über meinen Vater wenig und doch auch einiges. In »Jugend« ist viel fabuliert, steckt viel Phantasie. Man könnte danach keine realen biographischen Aufzeichnungen über mich machen.

Um so mehr möchte ich Sie bitten, es uns jetzt zu sagen.

Ja, aufgestiegen in die Wolken – das ist so: Meine Mutter erzählte mir öfter von meinem Vater. Er war einerseits Privatdozent an der Universitätsaugenklinik in Greifswald und andererseits ein bekannter Luftschiffsportler. Er besaß einen Ballon und stieg manchmal hinter dem Friedhof in Greifswald und neben dem Gaswerk, wo man den Ballon mit Gas füllte, auf in den Himmel – und kam dann auch wieder runter. Dies hat mir – wenn man mir von ihm erzählte – imponiert. Es hat meine Phantasie angeregt, weniger der Vater als der Ballon.

Ich verstehe. Sie sagen: Wenn man mir von meinem Vater erzählte . . . Haben Sie Ihren Vater nie gesehen?

Doch, ich habe meinen Vater gesehen, in Berlin. Da war ich ungefähr 20 Jahre alt. Es war ein schrecklicher Eindruck für mich.

Warum?

Er praktizierte dort als Augenarzt in der Fasanenstraße, einer Nebenstraße des Kurfürstendamms.

Irgendwie wußte ich von seiner Existenz, kannte auch seinen Namen und wußte, daß er Augenarzt war. Und eines Tages hatte ich Neugier, nicht Verlangen, Neugier, ihn zu sehen.

Hat er sich bis dahin um Sie nicht gekümmert?

Nein, das hat er nicht. Er hat – wie ich auch aus Erzählungen meiner Mutter weiß – während des Ersten Weltkrieges, bis ich 16 Jahre alt war, glaube ich, 20 Mark im Monat Alimente für mich gezahlt. So waren die damaligen Gesetze. Das war sein Kümmern um mich.

Nun gut, ich bin als Patient zu ihm gegangen. Meine Augen waren durchaus in Ordnung. Ich habe gesagt, ich hätte irgendwas, ein Flimmern in den Augen.

Er hatte keine Ahnung, daß Sie sein Sohn waren?

Er hatte keine Ahnung, nein.

Haben Sie es ihm gesagt?

Nein. Ich war außerordentlich abgeschreckt. Seine Wohnung fand ich scheußlich. Im Wartezimmer lag der Berliner Lokalanzeiger, eine Zeitung, die ich rückständig deutsch-national fand. Das Ganze machte einen plüschigen und enttäuschenden Eindruck auf mich. Ich muß sagen, daß ich ihn in diesem Moment verachtet habe. Aber das hatte fast mehr mit seiner Wohnung und dem, was er redete – wir kamen ins Gespräch – zu tun als mit meinem persönlichen natürlichen Verhältnis zu ihm, über das überhaupt nicht geredet wurde. Ich weiß nicht, ob er es gemerkt hat: Ich mochte ihn nicht.

Er hat mich für einen gewöhnlichen Patienten gehalten, und dieser Besuch bei ihm – er stellte auch ganz genau und ehrlich fest, daß ich nichts an den Augen hatte – kostete zehn Mark. Die hat er kassiert, und ich habe sie ihm gegeben.

Ist es zu einer späteren Begegnung mit ihm gekommen?

Ja und nein. Es ist etwas Merkwürdiges eingetreten. Mein Vater war irgendwie eine bekannte Erscheinung am Kurfürstendamm. Als ich bei der Zeitung in Berlin arbeitete und mit Theaterkritik zu tun hatte, habe ich viele Schauspieler kennengelernt, auch am Kurfürstendamm und in Lokalen, wo auch mein Vater auftauchte. Und plötzlich, an irgendeinem Tag, geschah es. Wir grüßten uns auf der Straße. Das war aber auch alles.

Sie grüßten den Arzt, bei dem Sie waren, und der Arzt grüßte seinen Patienten.

Man konnte es so auffassen.

Woher sollte er denn inzwischen wissen, daß Sie sein Sohn sind? Sie haben später nichts von ihm gehört?

Nichts.

Sie wissen auch gar nicht, wann er gestorben ist?

Während des Krieges.

Von einem Erbe oder dergleichen kann auch nicht die Rede sein? Sie haben auch keine Briefe?

Nein, ich habe mich nie danach erkundigt.

Der Name »Koeppen« ist der Name Ihrer Mutter?

Ja.

Jetzt heißt es in dem Buch »Jugend« – und ich glaube nicht, daß Sie das direkt Autobiographische dieser Stelle bestreiten werden – es heißt sehr schön von Ihrer Mutter, sie sei gebrandmarkt auf dem Altar der hämischen Göttin Sitte als Untertan der einsichtslos gebärsüchtigen Natur. Es ist dann vom Entsetzen die Rede, das in ihr, der Mutter, war, in ihrem Leib wuchs und mit ihr ging und bei ihr blieb und bleiben würde. Überall in der Stadt, auf jeder Straße, hinter jedem Fenster, in allen Stuben waren Augen, die sie maßen, Finger, die auf sie wiesen, Münder, die sie höhnten. Schriftsteller, die – wie es offiziell heißt – unehelich geboren wurden, gibt es heutzutage in Hülle und Fülle, von Thomas Bernhard über Peter Rühmkorf bis zu Hubert Fichte. Es ist fast bedeutungslos. Aber Sie sind in der Wilhelminischen Epo-

che geboren, in einer ganz anderen Welt, 1906. Man muß diesen Worten entnehmen, daß Ihre Mutter es nicht nur materiell schwer, sondern überhaupt äußerst schwer in dieser Wilhelminischen Gesellschaft einer Provinzstadt hatte. Vielleicht wäre es in Berlin anders gewesen. Können Sie uns etwas darüber erzählen?

Was Sie da vorgelesen haben, soll mit den Worten des Schriftstellers die Empfindungen und Ängste meiner Mutter wiedergeben. Das sind nicht meine Ängste gewesen. Ich kann nur aus meiner Schulzeit erzählen. Da hatte ich einen Lehrer – und in Schulen macht man ja, wenn das Schuljahr anfängt, eine Personalumfrage »Wer ist dein Vater?« – und dieser Schullehrer schien sich daran zu mokieren, daß ich sagte: »Ich habe keinen Vater!« – »Du mußt doch einen Vater haben.« Er war richtig aggressiv, und das führte dazu, daß ich stolz darauf war, keinen Vater zu haben. Ich fand alle diese Mitschüler, die einen Vater hatten, irgendwie durch die Tatsache, daß sie einen Vater hatten, minderwertig. Ich habe nie das Verlangen gehabt, einen Vater zu haben.

Ich wollte ausgestoßen sein

Herr Koeppen, verstehe ich Sie recht, daß Ihr Stolz damals eine Art Trotzreaktion war? Sie fühlten sich als eine Art Außenseiter, als Mensch in einer anderen

Situation als alle Ihre Mitschüler, und Sie haben aus dieser negativen Situation das Positive machen wollen. Sie wollten stolz sein darauf, daß Sie anders sind als alle anderen.

Genau so war es.

Gut. Aber meine Frage betraf mehr Ihre Mutter. Können Sie uns etwas darüber sagen, wie das Leben Ihrer Mutter ausgesehen hat und wie die Situation durch den unehelichen Sohn war?

Das muß eine Katastrophe gewesen sein, eine Katastrophe und ein furchtbarer Schmerz, wobei vielleicht auch noch hinzukam, daß sie meinen Vater geliebt hatte und er sie verlassen hat.

Sie wissen nicht, ob das eine langjährige Beziehung war?

Nein, keine langjährige, ein Jahr vielleicht.

Wovon hat Ihre Mutter mit Ihnen gelebt? Die Alimente haben ja nicht ausgereicht.

Nein, die haben nicht ausgereicht. Aber meine Mutter stammte aus einer Gutsbesitzerfamilie in Pommern. Durch eine Ehescheidung meiner Großmutter war der Abfall von den guten Sitten irgendwie schon geschehen. Trotzdem war noch etwas Geld da, solange meine Großmutter lebte. Sie soll auch entsetzt gewesen sein über meine Geburt. Aber es gab keine absolute materielle Not.

Wenn ich es recht weiß, hat sich die Familie Ihrer Mutter trotzdem von ihr abgewandt.

Die Familie meiner Mutter war gar nicht mehr vorhanden. Meine Großmutter starb, als ich ungefähr ein Jahr alt war. Meine Mutter hatte einen Bruder. Der war zur See gegangen und eine Zeitlang Kapitän eines riesengroßen Dampfers des Norddeutschen Lloyds. Er heiratete später eine Japanerin und blieb in Japan. Irgendwie kam er in den Besitz von ostasiatischen Ölquellen und war der Repräsentant der Standard Oil für ganz Ostasien. Wie er als Bruder die sozialen Schwierigkeiten meiner Mutter betrachtet hat, das weiß ich nicht. Darüber gab es nie irgendwelche Angaben.

Ihre Mutter war, glaube ich, zu irgendeinem Zeitpunkt beruflich tätig?

Ja, das ist eine andere Geschichte.

Ich glaube, mich zu erinnern, daß Sie irgendwann in der »Jugend« schrieben, Ihre Mutter hätte Laken hergestellt. Stimmt das?

Ja, das stimmt. Wir waren auf der Flucht vor den Kämpfen in Masuren und sind wieder nach Greifswald gegangen, was ich nie verstanden habe. Sie

19

wollte immer wieder zurück. Es war auf einem Gut von – wie ich glaube – entfernten Verwandten, wo sie irgendwas nähte, also meinetwegen Laken. Ob das nun so wörtlich stimmt, weiß ich nicht. Das sind alles Phantasien, Vorstellungen von mir.

Deshalb reden wir ja, um die Phantasie auf die Realität hin zu prüfen. Mir fällt übrigens auf, daß alles, was Sie erzählen, ich glaube Ihnen jedes Wort, das alles Roman ist.

Ja, das ist alles Roman.

Die Geschichte vom Onkel, dem Japaner, ist ja ein Roman für sich. Und die Begegnung mit dem Augenarzt, der der Vater ist, ist eine dramatische Begegnung aus einem Theaterstück. Ich glaube, daß das alles einen einzigen Grund hat: weil Sie das Leben in einem hohen Maß literarisch empfinden. Wie und was immer passiert, es wird in Ihren Augen zu einem Roman oder zu einem Drama.

Ja, Sie haben recht.

Es heißt einmal in dem Buch »Jugend« – und das betrifft, wenn ich es richtig verstehe, Ihre Schulzeit: »Ich ging absichtlich gebeugt. Ich wünschte mir einen Buckel. Ich wollte ausgestoßen sein.« Ich glaube, daß das Schlüsselsätze Ihrer ganzen Biographie sind.

Das sind aber Sätze aus der Zeit der Pubertät. Ich hatte damals schon viel gelesen.

Flucht im Ersten Weltkrieg

Jetzt muß ich eines klären, was ich nicht ganz verstehe: Wann sind Sie von Greifswald nach Thorn gekommen?

Als ich ungefähr vier Jahre alt war, zogen wir – und das hatte auch schon mit dem königlich-preußischen Baurat zu tun – nach Thorn in Westpreußen, wo wir ungefähr zwei Jahre blieben. Ich erinnere mich in Thorn an Luftschiffer. Da gab es ein Luftschiffregiment, also keine Ballone, sondern Luftschiffe, die mich als Kind interessierten. Und es gab ein Dragonerregiment. Die Dragoner fand ich sehr gutaussehend auf ihren Pferden.

Es muß das Jahr 1910 gewesen sein, da konnte ich vom Balkon unserer Wohnung aus den Halleyschen Kometen sehen, der um diese Zeit auftauchte und an den ich mich deutlich erinnere, weil alle Leute meinten, die Welt würde untergehen.

Außerdem besaßen wir ein Kaninchen, das eine innere Uhr hatte, nach der wir uns richteten. Es war ganz fabelhaft. Das wußte ganz genau: Jetzt war es sechs Uhr morgens, jetzt war es acht Uhr und so weiter. Im Hof dieses Hauses gab es einen Affen. Der gehörte aber nicht uns. Dieser Affe war angeleint, und meine Mutter hatte großes Mitleid mit ihm. Sie ging immer runter und fütterte ihn und sprach mit ihm. Mich mochte der Affe nicht, mich wollte er beißen. Aber ich fand ihn hochinteressant und versuchte immer, ihn zu streicheln.

Außerdem sind wir von Thorn mal versehentlich über die russische Grenze gegangen.

Wo sind Sie denn da hingekommen?

Irgendwohin. An der Grenze waren russische Grenzsoldaten mit den großen Tellermützen.

Sie werden lachen, Herr Koeppen, ich kenne diese Grenze. Ich bin in der Nähe von Thorn geboren, direkt an der Grenze. Sie sind also aus Thorn etwa 1912 wieder weggezogen. Da waren Sie sechs Jahre alt. Wohin gingen Sie dann?

Nach Ortelsburg, wo auch mein Onkel lebte. Dort blieb ich bis zum Frühjahr 1919, also ungefähr bis zu meinem 13. Lebensjahr.

Haben Sie noch Erinnerungen an den Ersten Weltkrieg?

Ja, viele, sehr viele. Es wimmelte von Militär. Wir sahen die Militärzüge vorbeifahren, voll von deutschen Soldaten, die zur russischen Grenze fuhren. Das dortige Jägerregiment zog mit großen Feiern und großen Freuden aus.

Dann kam es dazu, daß die Russen angriffen und der Krieg nach Masuren hereinbrach. Es setzte eine panische Flucht aller Leute ein, die dort wohnten. Wir fuhren in einem Viehwagen, vollgestopft mit Flüchtlingen, nach Westen, eigentlich ziellos. Zunächst kamen wir nach Marienburg, dann nach Schneidemühl und schließlich, da meine Mutter dorthin wollte, nach Greifswald. Da waren wir also die ersten Flüchtlinge des Ersten Weltkrieges in Greifswald.

Aber inzwischen hatte, glaube ich, Hindenburg bei Tannenberg gesiegt, und die Flucht war gar nicht notwendig gewesen.

Doch, sie war nötig. Unsere Stadt war vollkommen zerstört worden. Sie hatte eine russische Besatzung von ungefähr 14 Tagen hinter sich, bis Hindenburg auftauchte.

Kein guter Schüler

1919 waren Sie 13 Jahre alt. Hat die Literatur in diesen frühen Jahren schon irgendeinen Einfluß auf Sie gehabt?

Einen sehr großen. Ich habe viel gelesen. Es war meine Hauptbeschäftigung, von dem Zeitpunkt an, an dem ich lesen konnte, also vielleicht mit dem siebten, achten Lebensjahr. Mein Lesen wurde dadurch begünstigt, daß mein Onkel eine Unmenge von Zeitungen abonniert hatte, auf die ich mich stürzte. Außerdem las ich Märchen und alles, was man so als Junge liest: Cooper, Lederstrumpf...

Haben Sie auch Karl May gelesen?

Nein, überhaupt nicht. Nein, Karl May mochte ich nicht. Ich weiß nicht, warum.

Im Deutschunterricht haben Sie doch wahrscheinlich Schillers und Goethes Dramen und Balladen und ähnliches lesen müssen, vielleicht auch Kleist...

Nein, das war nicht eindrucksvoll.

War das die Schuld des Lehrers?

Wahrscheinlich. Also, ich wäre begierig darauf gewesen. Dagegen hat mich die alte griechische Geschichte sehr beeindruckt. Da hatten wir wahrscheinlich einen guten oder einen mir sympathischen Lehrer. Mag es gewesen sein wie auch immer, das hat mich sehr beschäftigt, auch die griechische Mythologie. Darin war ich ein guter Schüler.

Waren Sie überhaupt ein guter Schüler?

Nein. Ich war kein guter Schüler, weil ich mich nicht anpaßte. Wenn zum Beispiel ein neues Schuljahr anfing und die neuen Schulbücher gekauft wurden, legte ich mich zunächst acht Tage ins Bett und las die neuen Schulbücher von Anfang bis Ende. Damit, dachte ich, das Meine für das Schuljahr eigentlich getan zu haben.

Hat Sie dieses Wissen, das Sie sich am Anfang des Schuljahres so schnell aneigneten, bei den Mitschülern beliebt gemacht?

Nein, keineswegs.

Sie galten als Besserwisser?

Nein. Ich galt nicht als Besserwisser. Aber ich galt als Außenseiter. Als Besserwisser galt ich auf den Schulen, so ungefähr von meinem 15. Lebensjahr an. Das hatte wieder Gründe. Weil ich inzwischen sozusagen zur See gefahren war und als ein weltkundiger Mensch galt, dachten meine Mitschüler, daß sie von mir Aufklärung aller Art bekommen könnten.

Bleiben wir noch bei der Schulzeit: Sind Sie von Ihren Mitschülern in irgendeinem Sinne als ein gleichsam vaterloser Knabe diskriminiert worden?

Nein, von den Mitschülern nicht. Der einzige war dieser Lehrer, dem es Spaß machte, nach meinen Verhältnissen zu fragen.

Aber das machte auf die Mitschüler keinen Ein-druck?

Nein, das hat auf die Mitschüler keinen Eindruck gemacht, überhaupt nicht.

Ein halbes Jahr Schiffskoch

Jetzt kommen Sie im Jahre 1919 wieder nach Greifs-wald. Sie gehen weiter zur Schule. Was bedeutet das »zur See gefahren« zu sein?

Es hing mit der Inflation zusammen, also der gro-ßen Geldentwertung damals. Meine Mutter hatte den Fehler gemacht, zurück nach Greifswald zu gehen, und dort waren wir ziemlich existenzlos. Der Onkel aus Japan, der Japan-Onkel, schickte gele-gentlich ein paar Yen. Aber bis die ankamen – er schickte sie als deutsche Postanweisung – waren sie vollkommen wertlos. Dann, als meine Mutter ihm das mitgeteilt hatte, schickte er die Yen als Bargeld, und die wiederum konnte man in Greifswald nicht einlösen. In einer ziemlichen Ahnungslosigkeit kamen meine Mutter und ich überein, daß ich, also so ungefähr 15, 16 Jahre alt, nach Hamburg fahren sollte, um sie dort bei einer japanisch-deutschen Bank umzuwechseln. Die Geldentwertung ging aber so rapide, daß, wenn ich am Montag dieses

Geld in Hamburg gewechselt hatte, es dringend nötig war, in Hamburg für dieses Geld Lebensmittel einzukaufen, um mit diesen dann wieder zurück nach Greifswald zu fahren. Was für mich betrüblich war. Denn ich fühlte mich von Hamburg angezogen und wäre viel lieber dort geblieben.

In Hamburg kam ich auf die Idee, zur See zu fahren. Das ging aber dann nur von Stettin aus.

Und was haben Sie auf dem Schiff gemacht?

Ich sage, ich war Schiffskoch, was auch stimmt. Ich war natürlich Küchenjunge. Ich konnte aber besser kochen als der Schiffskoch und kochte dann auf diesem Schiff.

Wohin fuhr denn das Schiff?

Nach Nordfinnland. Wir holten Papierholz von dort, und die ganze Besatzung, was mich dann irgendwie kränkte, schmuggelte Alkohol nach Finnland. Dadurch kamen sie zu Geld. Ich war auf diese Idee nicht gekommen, hätte auch gar keinen Alkohol kaufen können, um mitzuschmuggeln. Aber es war ganz nett. Ich hatte auch unangenehme Erlebnisse auf diesem Schiff: Ich konnte kochen, ich konnte wirklich kochen. Aber ich konnte keine Kartoffeln schälen und setzte der Mannschaft Pellkartoffeln vor. Das war irgendwie, ich habe das erst später erfahren, für Proletarier beleidigend. Die warfen mir die ungeschälten Kartoffeln in die Kombüse hinein. Dann aber fand ich einen Jungen meines Alters, der war Leichtmatrose und konnte Kartoffeln schälen. Den habe ich zum Kartoffelschälen angestellt. Dafür bekam er Extraportionen Essen von mir.

Wie lange blieben Sie auf diesem Schiff?

Ein halbes Jahr.

Ein halbes Jahr, aber alles mit Zustimmung Ihrer Mutter?

Halb und halb. Meine Mutter hatte keine Ahnung, was es bedeutete. Diese ganze Sache hätte auch schiefgehen können. Ich habe eines Tages zu meiner Mutter gesagt: Du mußt auf die Polizei gehen. Ich brauche einen Zettel von dir, auf dem steht: »Ich bin damit einverstanden, daß mein Sohn Wolfgang zur See fährt.« Nichts weiter drauf. Diesen Zettel hatte ich. Damit bin ich zur paritätischen Heuerstelle in Stettin gegangen und dann auf dieses Schiff.

Und nach diesem halben Jahr war Ihre Seekarriere beendet?

Ja, sie war beendet. Ich hatte es auf dem Schiff auch nicht so schön gefunden. Ich kam auf die Idee, wieder zur Schule zu gehen.

Wurden Sie aufgenommen?

Ja, ich wurde aufgenommen und blieb zwei, drei Jahre an der Schule.

Kein Abitur

Herr Koeppen, sagen Sie die Wahrheit: Haben Sie in Ihrem Leben das Abitur gemacht?

Nein.

Das habe ich mir doch gleich gedacht, daß Sie, wie Thomas Mann auch, kein Abitur haben. Wie weit sind Sie denn gekommen?

Bis Obersekunda und Unterprima.

Was geschah dann?

Da geschah, daß ich nach Greifswald kam und dort ohne Abitur die Universität besuchte. Dies wird Ihnen merkwürdig vorkommen. Aber es ist gar nicht so merkwürdig.

Haben Sie gemogelt?

Ja, ich bin einfach in die Vorlesungen, die mich interessierten, gegangen. Nichts weiter. Ich habe dort zum Beispiel Wolfgang Stammler und Paul Merker gehört, das waren die Herausgeber des Wörterbuches der deutschen Literaturgeschichte. Und dann war ich beim Greifswalder Theater.

Aber diese Studien – Sie konnten doch natürlich keine Prüfungen ablegen.

Das wollte ich ja auch nicht. Ich hatte nicht die Absicht, irgend etwas zu werden, irgendwelche Papiere zu erwerben, irgendwelche Prüfungen zu machen. Das war mir vollkommen wurscht. Dadurch war das möglich. Ich habe nach derselben Methode später in Würzburg und in Berlin studiert. Ich muß sagen, absichtlich betone ich »studiert«. Ich habe studiert, ohne irgendwelche Absichten damit zu verbinden, außer mir Wissen anzueignen und Kenntnisse. Ich war ein guter und eifriger Student.

Haben Sie in dieser Zeit schon geschrieben?

Ja, ich habe geschrieben. Ach, eigentlich belanglose Sachen. Ich habe zum Beispiel über das Greifswalder Theater in der Greifswalder Zeitung geschrieben und einen Aufsatz »Was ist Expressionismus?« in dieser Zeitung veröffentlicht. Nicht gerade erwähnenswert, aber ich fühlte mich zu dem Beruf, den ich ja nun schließlich ausgeübt habe, von Anfang an hingezogen.

Aber man darf wohl annehmen, daß der Expressionismus zu Ihren fundamentalen literarischen Erlebnissen in der Jugend gehörte?

Absolut, ja.

Können Sie erklären, was für Sie der Expressionismus bedeutet hat? Die Leser heute, die die expressionistischen Werke gelegentlich noch lesen, empfinden diese Literatur als vollkommen fremd. Wir können heute Ernst Toller, Walter Hasenclever und dergleichen nur noch historisch lesen. Wir wissen aber, damals hat diese Literatur eine Generation elektrisiert.

Ja, mich auch. Ich empfand sie als meine Literatur. Ich hatte alle Hefte vom Kurt-Wolff-Verlag. Es waren meine Gedanken, es war mein Fühlen, es war mein Weltblick.

Welche Autoren sind es vor allem, die Sie damals gelesen haben oder von denen Sie beeindruckt waren?

Es fing an mit Kafka. Meine erste Kafka-Lektüre war »Der Heizer«. Später las ich Werfel, Hasenclever, also alles eigentlich.

Das heißt mit anderen Worten, was wir heute als partiell exaltiert empfinden, war genau jener Zeitausdruck, den Sie als den gemäßen empfunden haben?

Genau.

Nun haben Sie vorher erwähnt, daß Sie am Theater in Greifswald tätig waren. Was haben Sie da gemacht?

31

Ich wollte nie Schauspieler werden und konnte es auch gar nicht. Ich wollte Regisseur werden. Aber der Intendant, mit dem ich gesprochen hatte, stellte mich trotzdem an. Er meinte, ich brauchte doch auch etwas Geld. Für einen Regieassistenten hätte er aber keine Stellung und kein Geld. Ich wurde angestellt als Inspizient, und das war auch nicht schlecht. Ich lernte auf jeden Fall etwas. Ich lernte, wie man Theater nicht machen sollte. Der Intendant, ein ehemaliger Opernsänger und jetzt in Greifswald Opernregisseur, der inszenierte so, daß er zum Beispiel beim Freischütz, wenn die Stellprobe war, sagte:»Wo stand beim letzten Mal doch noch die Bank?« Das ist mir im Gedächtnis geblieben. Und ich weiß auch, daß ich ihn irgendwie angesprochen und ihm gesagt habe:»Ja, wie wär's, wenn man das ohne diese Bank, überhaupt ohne Bank inszenierte?« Das fand er Blödsinn. Aber später, zum Ende meiner Zeit, als ich wegging von Greifswald, da hat er mich, weil er komponierte, gefragt, ob ich ihm nicht einen Operntext schreiben könnte – zu meiner großen Überraschung.

Den haben Sie aber nicht geschrieben.

Nein, das habe ich ihm auch gesagt, daß ich gar keine Lust dazu hätte.

Wie lange waren Sie am Theater, alles in allem?

Zwei Jahre. Da starb meine Mutter.

Das war das Jahr 1926. Was passierte dann?

Damit hatte ich Greifswald satt. Danach war ich eine Zeitlang in Berlin. Ich studierte dort auf meine Art. Aber wie ich das gemacht habe, ohne die nötigen Papiere dafür zu haben, weiß ich nicht. Es war die Zeit der großen Arbeitslosigkeit. Ich bekam durch die Universität einen Werkstudentenplatz in der Lampenfabrik Osram in Berlin. Ich mußte Glühlampen beobachten und auswechseln, wenn sie ausglühten. Man wollte feststellen, ich mußte darüber Buch führen, wie lange eine bestimmte Glühlampe glühte. Ich ging morgens um sechs dorthin, über eine Brücke, mit einer großen Arbeiterschar, und ich lernte das arbeitende Berlin kennen.

Haben Sie auch in dieser Zeit auf Ihre Weise studiert?

Ja, aber dieses Studium zog sich immer mehr, da es mich überhaupt nicht mehr interessierte. Ich brachte viel mehr Zeit zu in der Universitätsbibliothek, in der Staatsbibliothek und vor allem in der städtischen Bibliothek in Berlin. Im alten Marstallgebäude war eine große Bibliothek. Dort verbrachte ich sehr viel Zeit.

Interesse für den Kommunismus

Herr Koeppen, in dem Buch »Jugend« wird der Tod Lenins erwähnt. Ich glaube, daß eine solche Erwähnung in Ihrem Buch nicht zufällig ist. Gehe ich fehl in der Annahme, daß es in Ihrer frühen Zeit schon ein gewisses Interesse für den Kommunismus gab?

Ja, das fing schon 1919 an. Ich habe bereits gesagt, daß mein Onkel sehr viele Zeitungen hatte, auch den »Vorwärts«, der eine Zeitlang verboten gewesen sein muß. Er kam in der Gestalt der »Roten Fahne« ins Haus. Das waren eigentlich meine ersten literarischen Begegnungen mit dem Kommunismus. Aber schon sehr bald war ich Leser der »Weltbühne«. Das setzte ich in Greifswald fort, wo ich die »Weltbühne« im Lesesaal der Universität las. Da lag sie aus. Aber das war alles nicht das Entscheidende.

Dann lernte ich einen jungen Menschen kennen. Das war mein einziger Freund in Greifswald. Der war Kommunist. Er sprach mich mal auf der Straße an, als ich mit einem Theaterheft von Tollers »Wandlung« durch die Straßen ging.

Aber ich bin nicht Kommunist im Parteisinne geworden. Meine Vorstellung vom Kommunismus war eigentlich die, daß man ohne Paß überall hinreisen könne. Pässe gab es nicht mehr in meiner Vorstellung, und wenn ich gerade Lust hatte, nach Moskau zu fahren oder nach New York oder nach London, hätte ich fahren können, ohne Paß und eigentlich auch ohne Fahrkarte – in meiner Vorstellung. Da wäre alles zugänglich gewesen, absolute Freiheit. Jeder konnte schreiben, was er wollte, konnte tun und lassen, was er wollte. Es gab keinen Arbeitszwang, sondern man konnte, das war meine Vorstellung, sich durch Arbeit jederzeit das Nötigste erwerben, das man brauchte. Man sagte sich: Ich brauche für mich nur trockenes Brot zu verdienen. Das genügt mir. Meine Freiheit von der Arbeit ist mir wichtiger.

Das war meine Vorstellung vom Kommunismus. Das hat sich aber dann mit der Zeit gegeben.

Das kann ich mir denken. Aber ist diese Vorstellung vom Kommunismus primär auf Ihre Zeitungslektüre und die »Weltbühne« zurückzuführen, oder war es der Einfluß des Freundes, den Sie hatten, der wohl etwas älter war?

Ja, der Freund war etwas älter. Aber das war nicht so wesentlich. Der hatte ganz andere Vorstellungen. Er stammte aus dem Arbeitermilieu. Er war ein Arbeiterjunge und hatte die normaleren Vorstellungen vom Leben.

Später, in den Jahren 1931, 1932, als Sie nicht mehr ein Halbwüchsiger waren, sondern mittlerweile 25, 26 Jahre alt – hat sich da Ihre Vorstellung vom Kommunismus konkretisiert, präzisiert? Oder blieb sie immer vage als die große Utopie?

Nein, sie blieb insofern nicht vage, weil ich meine große Utopie weiterhin für schön fand, aber wußte, daß es sie nicht gibt und daß die Realität völlig anders ist. Es blieb ein Interesse für den Marxismus, und ich habe mich in Berlin auch später weitergebildet.

Noch eine Frage zum Kommunismus: Auf Ihre Generation hat doch die sowjetische Kunst, die Eisenstein-, die Pudowkin-Filme und vielleicht auch die neue sowjetische Literatur, Isaak Babel etwa, Eindruck gemacht?

Ja, das habe ich alles sofort gelesen.

Wie haben Sie darauf reagiert?

Begeistert. Ich fand diesen Weg richtig.

Aber hat die sowjetische Kunst, der Film, die Literatur, das Theater auch einen Einfluß gehabt auf Ihr Verhältnis zum realen Sowjetstaat?

Weniger. Ich war mir nicht bewußt, daß besonders die bildende Kunst, die Malerei aus den ersten Jahren des Sowjetstaates eigentlich ein Erbe aus der westeuropäischen Tradition war. Nachher wurde das ja ganz verdrängt.

Ich habe dann bald gesehen, was in Rußland geschah und wie gemalt wurde. Das hat mir nicht gefallen. Was ich später unter Hitler sah, im Haus der Deutschen Kunst, das ähnelte dieser offiziellen Sowjet-Kunst. Das waren fast die gleichen Bilder.

Aber hat diese Veränderung der sowjetischen Kunst, von der Sie sprachen, einen Einfluß gehabt auf Ihr Verhältnis zur realen Sowjetunion?

Im Grunde nicht.

Sie haben Marx erwähnt. Haben Sie tatsächlich Marx und Engels gelesen?

Ich habe ein gefühlsmäßiges Verhältnis sowohl zu Marx als auch zu Engels, habe beide versucht zu lesen, besonders Marx, aber ich bin nicht weit gekommen.

Das war Ihnen zu abstrakt?

Abstrakt, ich weiß nicht, ich fand es langweilig.

Haben Sie an kommunistischen Demonstrationen teilgenommen oder sie jedenfalls beobachtet?

Ich habe kaum an kommunistischen Demonstrationen teilgenommen, weil ich gar keinen Anlaß dazu hatte. Aber beobachtet schon. Es ist mir in sehr jungen Jahren in Berlin passiert, daß ich in der Gegend des Stettiner Bahnhofs, auf dem ich von Greifswald ankam, in einen Zug von Arbeitslosen geriet, der wohl ein kommunistischer Demonstrationszug war. Ich bin plötzlich mitgegangen, irgendwie aus einem

Gefühl, da muß ich mitgehen. Aber ich wurde angefeindet. Da sagte irgend jemand in diesem Zug zu mir: »Wo hast du deine Stempelkarte?« Ich hatte keine Stempelkarte, wußte auch gar nicht, was das eigentlich ist.

Man lehnte mich ab, was mir auch später in Stettin in der paritätischen Heuerstelle und in dem Lokal, das dazugehörte, passiert ist. Auch als ich in Hamburg war und dort die japanischen Yens meines Onkels abholen und möglichst günstig verwerten wollte, geriet ich in eine kommunistische Demonstration, die später zu Straßenkämpfen führte und die, wenn ich mich recht erinnere, Ernst von Salomon, den ich später kennenlernte, in seinem mich sehr erschreckenden Buch »Die Geächteten« beschrieben hat. Ich war auf der Seite der Kommunisten. Aber ich hatte keine rechte Vorstellung davon.

Glücklich betroffen

Erinnere ich mich falsch oder stimmt es, daß gerade in jener Zeit etwas ganz anderes in Ihrem Leben passierte, nämlich eine Art Begegnung mit Caspar David Friedrich?

Ja, in Greifswald. Die Bilder von Caspar David Friedrich waren in Greifswald natürlich bekannt. Ich habe sie gesehen, und sie sprachen mich ungeheuer an. Ich war glücklich betroffen von ihnen.

Glauben Sie, daß Caspar David Friedrichs Malerei irgendeinen Einfluß auf Sie hatte?

Vielleicht auf mein Gemüt...

... das ohnehin düster war?

Bei der Betrachtung von Caspar-David-Friedrich-Bildern war mein Gemüt eigentlich nicht düster, sondern diese Düsterkeit der Bilder, auf die Sie vielleicht ansprechen, diese Melancholie der Bilder, »Die zwei Personen vor der See« und andere, machten mich geradezu glücklich.

Man hat ja oft gesagt und doch wohl zu Recht, daß in Ihrem Werk im gewissen Sinne eine romantische Konzeption enthalten sei. Hat die Romantik in Ihrer Jugend, in der Greifswalder Zeit und später in der Berliner Zeit auf Sie einen besonderen Einfluß ausgeübt?

Romantik als Begriff vielleicht, im einzelnen weniger. Ich kann gar nicht sagen, daß die Romantik in ihren Äußerungen mich damals schon sehr beeindruckt hat. Ich meine später, während des Krieges, hat mich Novalis außerordentlich beeindruckt und auch die Lyrik der Romantik bis zur Günderode. Das ist aber alles später gewesen.

Aber ein Erzähler wie E. T. A. Hoffmann...

Ja, der sehr. E. T. A. Hoffmann gehörte bei mir noch zur Jugendlektüre. Ich war mir aber vielleicht gar nicht bewußt, daß der in die Schublade »Romantik« gelegt werden muß, sondern ich las ihn. Ich fand ihn wunderschön.

Ich wollte Regisseur werden

Als Ihre Mutter starb, waren Sie da in Berlin?

Ich kam noch zur rechten Zeit zu ihr. Aber kurz darauf starb sie. In Berlin bekam ich von dem Arzt meiner Mutter ein Telegramm, daß sie sterben würde. Dann fuhr ich nach Greifswald.

Aber Sie haben noch mit Ihrer Mutter gesprochen?

Soweit es noch möglich war.

Haben Sie irgendwelche konkreten Erinnerungen?

Nur schreckliche. Sie ist an einem Hirntumor gestorben. Es war schrecklich.

Was geschah dann weiter?

Ich hatte inzwischen eine kleine Korrespondenz mit dem Würzburger Theater, von dem ich gehört hatte, daß es junge Leute bevorzuge. Ich wußte, daß die Stelle eines Dramaturgen frei war. Ich habe mich um diese Stelle beworben und sie bekommen.

Entschuldigen Sie bitte, da bewirbt sich ein junger Mann aus Greifswald, der kein Abitur hat, der nicht richtig studiert hat und der eigentlich auch nicht richtig am Theater tätig war, und bekommt die Position eines Dramaturgen?

Ja, ich hatte wahrscheinlich einen interessanten Brief geschrieben, was ich als Dramaturg dort machen wollte. Und darauf hat man reagiert.

Den Brief hätte ich gern gelesen.

Ich habe ihn nicht mehr, würde ihn aber auch gern lesen.

Wie schaute es in Würzburg aus? Dort gab es doch wohl ein besseres Theater?

Ja, da war ein Theater, das ich zunächst großartig fand. Zunächst, muß ich sagen. Die Bedingungen waren nicht allzu glücklich für mich. Ich war mit dem Spielplan keineswegs einverstanden. Eigentlich wollte ich ja gar nicht Dramaturg sein. Ich wollte Regisseur werden und kämpfte darum, daß man mir eine Regie gab. Dann sagte mir der Intendant:»Bedenken Sie, unsere Schauspieler haben ein Durchschnittsalter von 40 Jahren. Die werden Ihnen nicht folgen.« Damals galt man als junger Mensch wenig.

Was haben Sie denn nun tatsächlich dort gemacht?

Ich habe das Heft des Theaters entworfen und Vorschläge für Aufführungen gemacht. Eines dieser Hefte wurde vom Magistrat eingestampft und verboten, weil ich einen Aufsatz über das Schund- und Schmutzgesetz, das damals aktuell war, geschrieben hatte und über den Tod von Siegfried Jacobsohn, dem Herausgeber der »Weltbühne«.

Ein Artikel über Jacobsohn war damals verboten?

Er war dem Magistrat der Stadt Würzburg unsympathisch, sagen wir es mal so. Das Verbot wurde nicht weiter begründet. Aber es gab Ärger. Ich war auf der Kippe, rauszufliegen, bin aber nicht rausgeflogen.

Regie führen durften Sie nicht?

Nein, durfte ich nicht. Man ließ mich nicht ran.

Aber Sie spielten doch wohl selber ein bißchen?

Ja, ich hatte durch einen miserablen Vertrag mit diesem Theater eine Spielverpflichtung. Ich war damals 20 Jahre alt, es machte mir Spaß, uralte Leute zu spielen, also Altersrollen, für die ich mich alt schminken und einen weißen Bart umbinden konnte. Das machte mir Freude. Dagegen gab man mir in einer Inszenierung der »Soldaten« von Jakob Michael Reinhold Lenz[1] eine Rolle. Man fand mich geeignet, den jungen Grafen zu spielen, der ungefähr meinem Alter entsprach. Das konnte ich aber nicht. Ich fühlte mich furchtbar. Ich zitterte am ganzen Leib, wenn ich auf die Bühne treten mußte.

Ich sehe, ein bedeutender Schauspieler waren Sie wohl nicht.

Nein, das war ich ganz bestimmt nicht. Ich wollte aber auch kein Schauspieler sein.

Aber ich habe immer noch nicht von Ihnen erfahren, was man eigentlich damals dort gespielt hat.

Man spielte Fritz von Unruhs[2] »Offiziere«, Lenz' »Die Soldaten«, zwei moderne Ballettopern...

Wie lange waren Sie insgesamt in Würzburg?

Nur eine Spielzeit.

Was kam dann?

Bei Piscator nichts zu sagen

Nach der Spielzeit hatte ich mich erneut in Würzburg beworben. Da hörte ich, daß in Berlin Piscator[3] jetzt sein eigenes Theater hätte und dies im September aufmachen wollte. Ich habe mich beworben und bekam eine Antwort: Ja, ich solle nur kommen. Ich könne Mitglied des dramaturgischen Kollektivs werden. Daraufhin ging ich nach Berlin, was ich wahrscheinlich sowieso getan hätte und habe an der Piscator-Bühne die erste Saison mitgemacht.

Aber diesmal nur als Dramaturg und nicht als Schauspieler?

Nein, als Dramaturg. Ich war Mitglied des dramaturgischen Kollektivs. Wir hatten nichts zu sagen. Wir durften den Proben vom Zuschauerraum aus beiwohnen. Es wäre völlig ausgeschlossen gewesen, auf die Bühne zu gehen und zu Piscator zu sagen: »Hören Sie mal, ich glaube, man könnte das vielleicht so oder so machen.« Das war gänzlich ausgeschlossen.

Für mich war aber schon interessant, wie Piscator arbeitete. Für mich waren auch diese zum Teil sehr berühmten Berliner Schauspieler interessant. Ich habe dort zum Beispiel trotz dieser geringen Stellung eines Mitgliedes des dramaturgischen Kollektivs Walter Mehring[4] kennengelernt, dessen »Kaufmann von Berlin« aufgeführt wurde, und ich lernte Toller[5] kennen.

Eine kleine Zwischenfrage: Ein Mitglied des drama-turgischen Kollektivs bekam ein Gehalt?

Nein.

Wovon lebten Sie?

Ich lebte davon, daß ich anfing, für Berliner Zeitungen zu schreiben. Meine ersten Versuche scheiterten, aber dann ergab sich Verschiedenes. Ich begann, für die »Rote Fahne« zu schreiben.

Herr Koeppen, ich möchte, daß wir noch einen Augenblick zu Piscator und seinem Theater zurückkehren, danach kommen wir auf die Zeitung zu sprechen. Hat Piscator Sie als Persönlichkeit irgendwie fasziniert?

Nicht sehr. Ich hatte ihn mir größer vorgestellt. Er war ein guter Handwerker auf der Bühne, ein präziser Handwerker.

Glauben Sie, damals etwas gelernt zu haben?

Nein. Im Grunde nicht. Es gab gar keine Gelegenheit dazu. Die Stücke, die dort aufgeführt wurden, kannte ich zum Teil, oder ich hätte sie mir, wenn es Neuerscheinungen waren, auf jeden Fall verschafft. Ich hätte sie gelesen und meine eigenen Gedanken dazu gehabt.

Das ganze Getriebe dieser Piscator-Bühne belehrte mich aber in einer gewissen Weise doch. In den Premieren saßen die reichen Familien von Berlin Kurfürstendamm, Grunewald und so weiter und fanden das alles wunderbar. Hinten auf den Rängen saßen dann Leute von der kommunistischen Jugend, und ich saß zwischendrin. Diese Premieren waren sehr interessant für mich. Es gab großen Beifall von den reichen wie von den armen Leuten. Ich fand es eigentlich sympathisch, daß die reichen Leute da so ihren eigenen Untergang beklatschten. Das war mir sympathisch, durchaus.

Aber war nicht der Verdacht naheliegend, daß die Möglichkeiten eines solchen Theaters, irgend etwas real zu bewirken, minimal waren? Hatten nicht die reichen Leute recht, wenn sie das alles gar nicht ernst nahmen, sondern nur als Kunst rezipierten?

Na ja, wahrscheinlich hatten sie recht, und es war auch mir, wenn sie das nur als Kunst nahmen, durchaus recht. Nur habe ich nie sehr realistisch gedacht. Also, daß aus einer Aufführung des Piscator-Theaters der Beginn einer Revolution entstehen würde, das habe ich nie angenommen.

In Ihrem Gesamtwerk ist das Gefühl, Sie könnten mit Ihren Büchern die Welt verändern, kaum vorhanden...

Das habe ich mir auch nie eingebildet.

Also, dieser revolutionäre Optimismus und der Optimismus der engagierten Literatur ist nicht da. Ich frage mich, ob das nicht auch mit dieser Piscator-Enttäuschung zusammenhängt?

Nein, so wichtig habe ich Piscator überhaupt nicht genommen, und so groß war die Enttäuschung auch nicht.

Freier Journalist in Berlin

Nach der Piscator-Zeit kam die Zeit, in der Sie als freier Journalist...

...in der ich als freier Journalist in Berlin gearbeitet habe. Das ging nach den ersten Versuchen, als mir meine Beiträge zurückgeschickt wurden. Ich habe niemals versucht, dort jemanden kennenzulernen oder irgendeine Beziehung aufzubauen, sondern ich habe ein Manuskript an die Redaktion geschickt und anfangs zurückbekommen, später dann nicht mehr. Es gab da zwei Zweige: Und der eine war, daß ich für kommunistische Zeitungen schreiben wollte, das liegt aber vor Piscator und sogar vor Würzburg.

Das war die »Rote Fahne«?

Das war die »Rote Fahne«. Da bin ich zwei- oder drei-mal erschienen. Die Enttäuschung durch die »Rote Fahne« war eine ganz materielle. Ich bekam kein

Honorar und ging zur Redaktion am Bülowplatz. Man war sehr erstaunt, daß ich ein Honorar haben wollte. Ich mußte dreimal von Charlottenburg zu Fuß zum Bülowplatz gehen, um dieses Geld zu bekommen, das ich unbedingt brauchte. Ich bekam dann pro Beitrag, ungefähr sieben oder acht Schreibmaschinenseiten, 15 Mark. Aber es war schon eine gewisse Enttäuschung und stärkte nicht mein Gefühl,»dies sind meine Genossen«.

Worüber haben Sie denn für die »Rote Fahne« geschrieben?

Ich habe einmal über eine Schiffsreise geschrieben, die ich gemacht hatte. Dann über Kartoffelernten in Pommern und über eine Arbeitslosendemonstration vor dem KaDeWe[6].

Man könnte sagen: Reportagen.

Ja, Reportagen, wenn auch nicht sachliche, sondern solche mit poetischer Verbrämung.

Sie sprachen vorher von kommunistischen Zeitungen. Was gab es noch?

Ja, es gab das Romanische Café, in dem ich ständiger Besucher war und das meine Heimat in Berlin wurde. Dort lernte ich Egon Erwin Kisch[7] kennen, und Kisch, der von meiner Situation hörte, gab mir eine Empfehlung an den Chefredakteur der »Welt am Abend«. Das war eines der kommunistischen Blätter. Es gab »Berlin am Abend«, »Berlin am Morgen« und »Berlin am Montag«. Ich ging also mit dieser Empfehlung zu dem Chef der »Welt am Abend«, wurde auch empfangen, aber es ergab eigentlich gar nichts. Er sagte mir: Ich solle für ihn schreiben. Gut, das tat ich dann auch. Es waren reine Feuilletons ohne politischen Inhalt.

Ja, und hat die »Welt am Abend« gezahlt?

Die hat gezahlt, auch nicht toll, aber sie hat gezahlt. Aber dann kam ich darauf, weil auch meine Lebensansprüche irgendwie wuchsen – ich hatte eine Freundin, wie das so ist –, für die »BZ am Mittag«, für das »Zwölf-Uhr-Mittagsblatt« und einmal sogar für die »Deutsche Allgemeine Zeitung« zu schreiben. Da habe ich ein Feuilleton aus einer Jugenderinnerung geschrieben, Eindrücke, die in meiner Jugend Piranesi auf mich gemacht hatte. Es wurde ein großer Aufsatz über Piranesi daraus, der in der »Deutschen Allgemeinen Zeitung« erschien.

Für die Boulevard-Blätter habe ich über verschiedene Schauspielerinnen geschrieben, die ich nur von der Bühne oder vielleicht auch nur von einem Foto kannte. Im »Zwölf-Uhr-Blatt« gab es von mir eine Geschichte über ein Grammophon. Dieses Grammophon hatte ich für eine Freundin gekauft, es kostete 100 Mark. Ich hatte es auf Abzahlung gekauft, aber die Abzahlung konnte ich nie leisten. Ich bekam großen Ärger.

Ich habe den Eindruck – und was Sie eben erzählen, bestätigt das, was man von den anderen hört, die in dieser Zeit, in der Weimarer Republik, journalistisch und literarisch tätig waren –, es war nicht so schwer Beiträge unterzubringen. Sie haben ja, beinahe noch ein Anfänger, immerhin in der »BZ am Mittag«, einem Blatt mit großer Auflage, geschrieben.

Ja, ohne jemanden dort zu kennen. Ich schickte sie hin, und fast jeden dritten Tag waren sie im Blatt.

Das ist doch etwas sehr Überraschendes. Heute passiert derartiges selten, sehr selten. Aber es bestätigt sich immer wieder: Man war, sagt man mir, gleich dabei. Man gehörte dazu – zur literarisch-journalistischen Familie . . .

Ja, das trat bei mir aber erst ein, als ich zum »Berliner Börsen-Courier« ging. Da gehörte man sofort dazu.

Sie erwähnten den Namen Egon Erwin Kisch. Haben Sie ihn später noch gesehen?

Ja, ich habe ihn hin und wieder im Romanischen Café gesehen.

Was für Eindrücke sind zurückgeblieben?

Keine besonderen. Ich schätzte sehr, was er geschrieben hatte, das las ich alles. Aber sonst gab es nur gelegentliche Begegnungen im Romanischen Café, wie sie halt geschahen.

Haben Sie mal versucht, in den letzten zehn, fünf-
zehn Jahren, wieder etwas von Kisch zu lesen? Worin
sehen Sie das Originelle, das Wesentliche bei ihm?

In der Reportage.

Gut, das war die Form. Aber der Stil – was ist für Sie
eigentlich so interessant an Kisch?

Diese Neugierde, dieses Unmittelbare, also zum Beispiel seine Entdeckung des Spionagefalls Redl[8]. Ich
mochte ihn. Was er über das Prager Judentum
schrieb, hat mir sehr gefallen. Ich mochte ihn
menschlich. Aber ich kann nicht sagen, Kisch sei
mein Freund gewesen oder ich der Freund Kischs.
Soweit ging es nicht. Es war eine Kaffeehausbe-
kanntschaft, nicht mehr und auch nicht weniger.

Das Romanische Café

Sie sagten vorher, Ihre eigentliche Kaffeehaus-Zeit
im Romanischen Café war, als Sie für den »Börsen-
Courier« schrieben.

Nein, eigentlich schon vorher. Als ich beim »Börsen-
Courier« war, ging ich auch noch hin, nur hatte ich
viel weniger Zeit, mich dort aufzuhalten.

Erzählen Sie ein bißchen: Wie war das in dem Roma-
nischen Café? Es ist eine ungeheure Legende, dieses
Café, und dazu haben auch Sie persönlich mit Ihrem
berühmten Prosastück über das Romanische Café
beigetragen. Das ist ein poetisches Prosastück, eine
Vision. Können Sie uns etwas über die Realität
sagen?

Die Realität des Romanischen Cafés war im Grunde
– glaube ich – ganz unrealistisch. Ich hatte irgendwie
aus Zeitungsberichten davon gehört, daß es dieses
Café gab, das heißt, ich hatte zuerst vom »Café des
Westens« gehört, wo die Expressionisten, als sie jung
waren, etwa 1913 verkehrt hatten. Das war an der
Ecke Kurfürstendamm/Joachimsthaler Straße, was
jetzt das »Kranzler« ist. Das hieß damals »Café des
Westens«.

Als ich zum erstenmal nach Berlin kam, ging
sozusagen mein Weg vom Bahnhof direkt in dieses
»Café des Westens«. Da war ich aber sehr erstaunt.
Das war ein Café mit Luxusmöbeln, Wiener Blöd-
sinn-Musik und dementsprechenden Gästen, die
ich auf keinen Fall für Literaten hielt.

Dann erfuhr ich, daß die alle umgezogen waren
in das Romanische Café. So ging ich dorthin, und da
wäre beinahe mein ganzer Traum vom Romanischen Café gescheitert. Ich merkte nämlich, daß ich
in dem kleinen möblierten Zimmer, das ich mir in
Charlottenburg gemietet und schon bezogen hatte,
mein weniges Geld gelassen hatte. Ich saß ohne
Geld da, nachdem ich mir im Romanischen Café

schon einen Kaffee bestellt hatte. Ja, was sollte ich nun machen?

Ich bin zu dem mir damals noch unbekannten Portier, Herrn Nietz, gegangen und sagte ihm:»Ich habe mein Geld vergessen.«

Herr Nietz beschimpfte mich nicht. Er sagte ganz sachlich:»Können Sie ein Pfand dalassen?«

»Na ja«, sagte ich,»was wollen Sie als Pfand haben? Die Uhr?«

Er nahm sie.

Dann bin ich in dieses möblierte Zimmer gerast, fand auch Geld, bin sofort zurückgerannt und habe Herrn Nietz das Geld gegeben, und er gab mir meine Uhr wieder. Seit der Zeit waren wir Freunde.

Na ja, wissen Sie, auch im Romanischen Café war ich aber eigentlich ein Außenseiter. Ich habe mich nicht mit den anderen Gästen verbrüdert.

Warum nicht?

Ich wollte nicht, hatte gar nicht das Verlangen danach. Ich saß allein dort. Das genügte mir. Ich wollte sozusagen das Café in der Einsamkeit genießen.

Und die Leute dort beobachten?

Ja, ich habe sie beobachtet. Ich wußte auch sehr bald, wer sie waren.

Wer verkehrte dort?

Ach, die ganze Literatur- und Kunstszene von damals, auch die jüngeren. Auch einige prominente Leute, zum Beispiel gab es einen Stammtisch, an dem mein späterer Verleger Bruno Cassirer saß und der Maler Orlik[9] und noch einige andere Leute, auf deren Namen ich jetzt nicht komme. Die bildeten aber eine Gruppe für sich. Wer kam noch hinzu? Ja, Bronnen zum Beispiel.

Arnolt Bronnen[10].

Ja, der kam so um drei Uhr nachmittags, setzte sich wie ein Fürst an den Tisch, bestellte ein Wiener Schnitzel und dazu ein Glas Wein. Das war ungeheuerlich für das Romanische Café.

Weil dort alle nur einen kleinen Kaffee tranken?

Wir lebten allenfalls von zwei Glas Wein.

Sie sagten vorhin, Sie wollten im Romanischen Café sein, aber nicht dazugehören ...

Nein, nein, ich wollte dazugehören, und ich hätte jedem Menschen, der mich gefragt hätte, mit einem gewissen Stolz gesagt: Ich bin Gast im Romanischen Café. Nein, ich wollte nur keine Menschen kennenlernen. Ich war mir selbst genug.

Sie wollten im Romanischen Café sein, aber abseits von allen anderen?

Abseits von allen anderen, ja, aber nicht aus dem Gedanken, ich will mir diese Leute vom Leib halten oder so, keineswegs.

War es vielleicht auch Schüchternheit?

Ja, Schüchternheit auch.

Das scheint mir so wichtig, weil darin gleichnishaft ein Motiv Ihres ganzen Werks und Ihres ganzen Lebens steckt. In Ihrem Werk ist diese Antinomie von Weltflucht und Lebenshunger zu beobachten. Das ist doch ein Widerspruch. Sie wollen, habe ich den Eindruck, manchmal der Welt den Rücken kehren und sie dennoch genießen. Das ist doch widerspruchsvoll, paradox. Können Sie das erklären?

Nein, ich kann es nicht erklären. Aber ich kann es vielleicht doch durch einige Handlungen von mir verdeutlichen, auch das mit der Schüchternheit. Ich hatte mal die Absicht, einen berühmten Kollegen – ich hätte gar nicht gewagt, Kollegen zu sagen – also einen berühmten Schriftsteller zu besuchen. Aber ich bin nur bis zu dessen Haustür gekommen. Dann bin ich umgekehrt.

Wer war das?

Döblin[11]. Dasselbe ist mir mit Benn[12] passiert. Auch an seiner Tür bin ich umgekehrt.

Sie erzählen da etwas wie aus der Biographie von Fontane. Sie wissen es wahrscheinlich gar nicht. Fontane war in London und wollte um jeden Preis Dickens sehen, ist hingegangen zu Dickens, und vor der Tür blieb er stehen und ging zurück. Er hat es nicht gewagt, an die Tür zu klopfen.

Ja, ich habe es wirklich nicht gewagt. Ich sagte mir: Wie kann ich diesen Mann belästigen?

Sie haben Döblin nie kennengelernt?

Ich habe ihn nie kennengelernt.

Sie hätten doch als Patient zu Döblin gehen können.

Ja, aber das ging nun auch wieder nicht. Vielleicht hatte ich auch kein Geld, um als Patient zu ihm zu gehen, in einer Krankenkasse war ich nie.

Kollegen

Romanisches Café – Leonhard Frank[13] gehörte, glaube ich, auch dazu.

Er war eine der eleganten Größen des Romanischen Cafés. Ich weiß noch, wir machten uns alle etwas lustig darüber. Er kam immer mit weißen Gamaschen über seinen Schuhen und saß als vollendeter Gentleman dort. Ja, aber ich habe ihn auch nicht kennengelernt.

Herr Koeppen, mich würde folgende Frage interessieren: Der Ruf von Schriftstellern ändert sich sehr. Es gibt Autoren jener zwanziger Jahre, die wir heute für große Schriftsteller halten und die damals gar nicht so berühmt waren oder so ernst genommen wurden und umgekehrt.

Bei mir ist es wohl eher das Umgekehrte. Einige Leute, die ich damals verehrt habe, halten heute dieser Verehrung nicht mehr ganz stand.

Das ist an sich ein normaler Vorgang. Ich werde Ihnen ein Beispiel geben: Haben Sie damals den Namen Joseph Roth[14] gehört? Wurde er schon sehr ernst genommen?

Ja, und er wurde ernst genommen, auch von mir.

Als Romancier oder als Feuilletonist?

Er ist beides. Ich kannte ihn. Ich kannte ihn anfangs als Journalist aus Beiträgen der »Frankfurter Zeitung«, die ich immer gelesen habe; im Romanischen Café gab es ja verschiedene Zeitungen.

Ich frage, weil mir Generationsgenossen von Roth gelegentlich sagten: Er gilt heute als ein Klassiker der neuen Literatur. Für uns war er ein guter Reporter der »Frankfurter Zeitung«.

Das stimmt nicht. Zum Beispiel Romane wie »Radetzky-Marsch« und einige andere machten auf mich schon einen sehr großen Eindruck.

Ist es richtig, daß damals – um 1930 – bei der jungen Generation eine ziemlich starke Abneigung gegen Thomas Mann bemerkbar wurde?

Ja, ja.

Warum?

Weiß ich nicht. Sie war da, aber bei mir war sie nicht vorhanden. Er war für mich ein bürgerlicher Schriftsteller in München.

Das war ein großer Fehler.

Das war für mich damals ein großer Fehler.

Und ein Arzt wie Benn war kein bürgerlicher Schriftsteller?

Nein, bürgerlich war er für unsere Begriffe überhaupt nicht. Bei Benn bewegte sich besonders seine Lyrik, aber auch seine Essays, nicht in einem milieustrengen Preußentum, aus dem Mann ja stammte, sondern in so etwas wie einem Halbweltmilieu.

Sie sehen hier einen Widerspruch oder einen gewalti-
gen Unterschied zwischen dem Leben, dem bürger-
lichen Dasein von Benn als Arzt und seinem literari-
schen Werk.

Ja, ganz recht. Aber bei Benn habe ich sein Œuvre
doch zunächst bis 1933 mit seinem Leben identifi-
ziert.

Obwohl er als Arzt in Berlin normal praktizierte.

Na ja, seine Praxis – er hat ja auch vielfach darüber
geschrieben und mit einem gewissen Zynismus
über seine Praxis als Sexualarzt im Krieg, schon im
Ersten Weltkrieg in Brüssel, berichtet. Dann war da
auch noch seine Freundschaft, oder sagen wir, sein
nahes Verhältnis zu Else Lasker-Schüler...

War das eine Liebesgeschichte?

Ja, es war eine Liebesgeschichte damals. Auf der
Seite von Lasker-Schüler war sie stark. Wie weit sie
auf seiner Seite ging, weiß ich nicht. Aber es war
eine Liebesgeschichte. Sein ganzes Leben gab es Gerüchte über ihn, auch über sein Verhältnis zu Frauen
und den Selbstmord einer Frau wegen ihm.

Ja, noch ein anderer Name: Sie sprachen von einer
Abneigung eines Teils der jungen intellektuellen
Generation gegen Thomas Mann. Wie stand es mit
Heinrich Mann?

Heinrich Mann interessierte uns sehr.

War's immer noch der »Untertan«?

Ja, der hat so lange nachgehalten, der »Untertan«.
Und hin und wieder Reden und Aufsätze von ihm.

*Ich verstehe. Und die schrecklichen Romane, die
Heinrich Mann in den zwanziger Jahren publizierte,
das hat Sie nicht beirrt? Also Heinrich Mann war
ein Idol der Generation. Und Thomas Mann?*

War sein Bruder.

*Jetzt, sagen Sie bitte: Kafka. Sie haben gesagt, Sie
hätten ganz früh, ich glaube, den »Heizer« gelesen.
Haben Sie in der Weimarer Republik noch mehr von
Kafka gelesen?*

Ja, ich habe alles gelesen, was in der Weimarer Republik erschien, also vor allem den »Prozeß«, das
»Schloß«, einige Bände kurzer Geschichten.

*Ist es nicht verwunderlich, daß Kafka damals nur
auf wenige gewirkt hat?*

Zum Beispiel, als ich den »Prozeß« las und hingerissen war, mußte ich feststellen, daß alle meine
Freunde das Buch noch nicht gelesen hatten und
nichts von Kafka kannten.

Bei Ihnen gibt es einmal den Satz: »*Wir sind von Anbeginn verurteilt.*« *Der Satz klingt, als wäre er ein Echo auf Kafkas* »*Prozeß*«.

Na ja, kann sein, auch. Aber die Aussage ist sehr ursprünglich und echt bei mir.

Was ich noch nicht verstehen kann und gern verstehen möchte: Im Grunde genommen hat Kafka doch Geschichten erzählt, ob es das »*Schloß*« *war oder der* »*Prozeß*«, *die sich ganz konkret auf die Situation von Juden in der Stadt Prag bezogen, konkrete Geschichten in Prag, die von der Einsamkeit, Entfremdung der Heimatlosen erzählen. Im* »*Schloß*« *sucht er eine Heimat, um jeden Preis möchte er vom Schloß anerkannt werden.*

Jetzt müßten Sie mich für dumm halten. Dieses Problem, diese Problematik, von der Sie sprechen, habe ich bei meiner Kafka-Lektüre vor 1933, also vor Hitler, überhaupt nicht empfunden. Es hat mich überhaupt nicht interessiert. Ich habe nicht darüber nachgedacht, ob er Jude ist und ob er aus jüdischem Empfinden und jüdischen Ängsten schreibt. Darüber habe ich überhaupt nicht nachgedacht. Es hätte mich nicht gestört, wenn mich jemand darauf aufmerksam gemacht hätte. Ich bin ja auch auf sein Judentum aufmerksam geworden, durch sein Tagebuch und seine Briefe. Ich sehe das heute. Aber damals habe ich das überhaupt nicht gesehen. Auch in dem Buch »Amerika«, das mich besonders in jungen Jahren entzückt hat, nicht.

Das heißt, Sie haben die großen Parabeln von Kafka auf die eigene Situation oder die Situation des Intellektuellen in den zwanziger Jahren übertragen.

Auch nicht.

Haben Sie sie nur als Geschichten gelesen?

Ich habe sie nur als herrliche Geschichten genommen, nichts weiter.

Und daher kam die Faszination, die Attraktivität Kafkas?

Ja, es waren spannende, eigenartige und mir sehr verständliche Geschichten. Also da gab es so etwas, daß ich die Situation des Verhafteten im »Prozeß« zum Beispiel nachfühlen konnte.

Brecht, das Talent der damaligen Zeit

Ja, das ist dieses »Wir sind von Anbeginn verurteilt«. Herr Koeppen, jetzt ein anderer Name, wir bleiben in der Weimarer Republik: Brecht. Hat man den ernst genommen?

Ich ja.

Erzählen Sie etwas über Brecht! Sie haben auch ihn nie persönlich kennengelernt?

Nein, das kann man nicht persönlich kennenlernen nennen. Ich war ein sehr früher Leser von »Baal«, den ich besonders geschätzt habe, und von »Trommel in der Nacht« und seiner Lyrik, die ja auch zum Teil schon in »Baal« zu lesen war. Ich erkannte Brecht eigentlich als das Genie unserer Tage. Ich war, kurz bevor alles aus war, also die Nazis Schluß machten mit dieser Welt, in der Berliner Generalprobe von »Mahagonny«.

Haben Sie Brecht damals als Dichter, als Dramatiker ganz und gar ernst genommen?

Ich habe ihn sehr ernst genommen und hielt ihn für das bedeutendste und wesentlichste Talent der damaligen Zeit.

Sagen Sie, gilt das für den Dramatiker oder ebenfalls für den Lyriker im selben Maße?

Vor allem, glaube ich, für den Lyriker, aber auch für den Dramatiker, unbedingt.

Nun geschehen ja verschiedene Wandlungen in Brechts Produktion. Ich hatte das Vergnügen, die Ehre, Zeuge zu sein von der Uraufführung der »Dreigroschenoper«, die ja aus dem ernsten, marxistisch denkenden Brecht der späteren Stücke herausfiel und eigentlich ein Amüsement war, aber ein hervorragendes.

Erzählen Sie mal, wie hat sich das abgespielt?

Das Theater war voll von erwartungsvollen Leuten, die von vornherein glaubten, etwas Schönes und Außerordentliches zu sehen und die zum Beifall bereit waren. Auch hier waren wieder reiche Leute und ein paar junge, die noch Stehplätze ergattert hatten.

Aber es war doch vorwiegend ein bürgerliches Publikum?

Ja, es war ein bürgerliches Publikum. Die Leute waren aber sehr begeistert, besonders über die Songs, die ja nicht gerade schmeichelhaft für die bürgerliche Existenz waren. Das gefiel ihnen allen sehr gut, und das wiederum, finde ich, sprach für dieses Berliner Publikum. Die Leute wären mir jedenfalls sehr unsympathisch gewesen, wenn sie alle gesagt hätten: Na, zu diesem Kommunisten gehen wir nicht. Das schauen wir uns ja nicht an.«

War nicht die Musik von Kurt Weill damals etwas Neuartiges?

Ja, jedenfalls für mich, der ich kein großer Musikfan war, also etwas außerhalb der Musikszene lebte. Sie war neuartig, und sie kam bei mir an.

Und offensichtlich bei dem dort versammelten Publikum auch.

Die Songs der »Dreigroschenoper«, besonders gesungen von Lotte Lenya[15], wurden Volksmusik. Sie waren unerhört populär. Und noch in späteren Jahren in Holland, abwesend von Deutschland, habe ich diese Lieder als die Lieder einer Zeit, der großen Zeit der Weimarer Republik, der demokratischen Freiheit, empfunden.

Sie benutzten das Wort Volksmusik. Sollten wir nicht lieber ganz einfach »Schlager« sagen? Es waren die Schlager der Epoche.

Ja, gut, Schlager, das möchte ich ja gern hinnehmen. Sie waren aber tatsächlich mehr. Sie waren schon eine etwas dekadente oder pervertierte Art der Oper.

Und »Mahagonny«? Haben Sie »Mahagonny« damals überhaupt noch gesehen?

Ja, »Mahagonny« sah ich bei der Generalprobe, der Zweitaufführung, die in Berlin stattfand. Die Uraufführung hatte in Leipzig stattgefunden und endete mit einem ziemlichen Theaterskandal, der aber damals schon ganz deutlich von der SA, also von der Hitler-Partei hervorgerufen worden war. In Berlin war diese Generalprobe im Theater am Kurfürstendamm, und es waren einige geladene Gäste dort. Wir waren alle sehr hingerissen, sehr angetan davon, zumal ja der Nationalsozialismus schon dabei war, die Macht zu übernehmen.

*Können Sie noch etwas zur Aufführung von »Maha-
gonny« sagen?*

In einer Pause dieser Generalprobe wurde fotogra-
fiert, und das wollte Brecht nicht. Brecht ist dann
runtergestürzt von der Bühne und auf einen Fotografen losgegangen, hat ihm die Kamera entrissen und
mit den Füßen zertreten. Das war eine sehr dramatische Szene, es gab ein großes Aufsehen. Ich fand in
diesem Fall das Verhalten von Brecht nicht richtig.

Warum war er dagegen, daß man fotografierte?

Vielleicht aus schlechten Erfahrungen, die er schon
hatte oder die Erfahrungen aus dem Leipziger Theaterskandal.
   Die am Boden liegende Kamera öffnete er dann
noch und riß den Film raus. Ich fand das eine Verge-
waltigung des Fotografen, der ja schließlich seinen
Beruf ausübte. Nach dieser Szene ist Brecht weggegangen, und die Probe wurde zu Ende geführt.
   Es war ziemlich spät. Ich war damals mit einigen
Leuten zusammen, und wir überlegten, wo wir noch
hingehen könnten. Da gab es in der Nähe vom Stutt-
garter Platz in Berlin ein Kellerlokal. Das gehörte
einer Tänzerin, die nach dem Krieg auf Sylt ein
Lokal hatte.

Valeska Gert.[16]

Ja, sie hatte damals dieses Lokal und schon ein
romanhaftes Leben hinter sich. Dort lernte ich die

Lotte Lenya kennen; Brecht und Weill waren nicht
da. Irgendwie wußten wir auch etwas voneinander,
und es war sehr schön. Plötzlich kamen wir uns wie
Helden vor, die wir da saßen. Die Gert kannte ich
durch Aribert Wäscher...

*Valeska Gert war die Freundin des Schauspielers Ari-
bert Wäscher?*

Ja, daher kannte ich sie schon. Na ja, alle wußten, es
wird irgendwas passieren und daß wir auf einem
Vulkan saßen.
    Brecht kam nicht. Er hätte kommen sollen, aber
kam nicht. Statt dessen war plötzlich die SA da.

In dem Lokal?

Ja, ein Rollkommando.

Und was wollten die?

Uns verprügeln, nichts weiter wollten sie. Es ist
nicht zu schlimmen Szenen gekommen. Das will ich
nicht sagen. Es sind einige niedergestoßen worden,
die irgendwie protestiert haben, und auch die, die
geschwiegen haben. Denen wurden die Gläser aus-
geschüttet oder sonst was. Es war sehr eindrucksvoll.
Wir wußten alle, was die Stunde geschlagen hatte.

Hitler nicht ernst genommen

Was wußten Sie in der Weimarer Republik, vor dem 30. Januar 1933, über den Nationalsozialismus und über Adolf Hitler? Was hatten Sie da gehört, gesehen, erlebt?

Ich hatte gehört und gelesen, was in den Zeitungen stand, vielleicht etwas mehr, und ich kann nur sagen: Von Anfang an war mir dieser Mensch und diese Bewegung absolut unsympathisch.

Warum?

Ich kann es nicht sagen. Dieses Gesicht, das nun auf den Plakaten zu sehen war, das Gesicht von Hitler, gefiel mir nicht.

Sie reagieren auf die Welt immer sinnlich?

Ja, absolut sinnlich: Es gefällt mir nicht. Diesen Menschen mag ich nicht, und es wird Unheil mit ihm geben. Das war ein deutliches Gefühl. Aber sonst – ja, Gott, Leute, die – wie ich – gegen ihn waren oder gegen ihn sein mußten aus einem persönlichen Schicksal heraus, zum Beispiel die Juden, haben alle beklagt: »Verdammt noch mal, wir haben ja sein Buch nicht gelesen. Wir fanden es langweilig.«

Sie haben »Mein Kampf« nicht gelesen?

Nein, eben.

Haben Sie ab und zu den »Völkischen Beobachter« gelesen?

Nein, nie.

Haben Sie den »Angriff« mal gelesen?

Nein.

Das war ein großer Fehler.

Natürlich, das meine ich ja jetzt. Wir haben eingesehen, daß es ein großer, großer Fehler war. Da kam manchmal so ein armer Mensch auch durch das Romanische Café und bot – wie andere Leute andere Zeitungen – den »Angriff« an. Der wurde ausgelacht, und eigentlich tat er mir leid. Der fand keine Sympathie und wurde auch kein Blatt los. Aber man hätte es lesen sollen. Wir Intellektuellen, wenn ich dies einmal so sagen darf, wir haben es nicht gelesen.

Aber die enormen Erfolge, die Hitler damals, 1929 bis 1931 hatte, die gigantischen Kundgebungen Hitlers, das kam bei Ihnen gar nicht an?

Die ließen uns völlig kalt. Die kamen überhaupt nicht bei uns an.

Das ist ja schrecklich.

Es ist erschreckend. Ich entsinne mich noch: Zu einer begüterten jüdischen Familie im Berliner Grunewald war ich einmal eingeladen worden, um eine Hitler-Rede im Radio anzuhören. Der Apparat stand auch da, und es waren eine ganze Reihe von Leuten dort, die in der Welt damals einen gewissen Namen, eine gewisse Stellung hatten. Aber wir fanden es langweilig. Wir fanden es absolut langweilig. Wir waren in keiner Weise fasziniert, auch ich nicht.

Das ist doch symptomatisch für einen großen Teil der deutschen Intelligenz gewesen. Die hat Hitler gar nicht ernst genommen.

Nein, wir haben ihn nicht ernst genommen. Deswegen ist er an die Macht gekommen. Wir fanden ihn irgendwie unsympathisch, ja vielleicht sogar eine komische Figur, aber nicht ernstzunehmen.

Erschreckend, was Sie erzählen.

Es ist erschreckend, erschreckend für uns, für mich.

Sie haben die Reden nie gehört?

Nein, niemals.

Nicht hören wollen.

70

Auch nicht gelesen, nicht einmal nicht hören wollen, wir haben sie nicht gehört.

Eine andere Frage: An der Spitze der Kommunisten stand damals Ernst Thälmann, alles andere als ein bedeutender Intellektueller, ein Transportarbeiter aus Hamburg. Haben Sie dessen Reden gehört?

Nein, auch die nicht.

Das heißt, Sie haben in einem intellektuellen Ghetto gelebt?

Ja, aber ich möchte doch einen Unterschied machen: Wenn man mich gefragt hätte: »Wer ist Ihnen sympathischer, Hitler oder Thälmann?« Dann wäre der Sympathischere für mich Thälmann gewesen. Das ist gar keine Frage.

Obwohl er intellektuell, geistig, keine bedeutende Figur war?

Aber irgendwie eine rührende Figur, ein Volkskämpfer oder ähnliches.

Beim »Berliner Börsen-Courier«

Es war schon mehrfach die Rede vom »Börsen-Courier«: Wie, auf welche Weise und wann sind Sie zum »Börsen-Courier« gekommen?

Das Verbot des Theaterblattes damals, wegen meiner Aufsätze, war Jhering[17] zu Ohren gekommen. Dann hatte mal ein Arzt, den ich aus dem Romanischen Café kannte und mit dem auch Jhering bekannt war, von mir gesprochen. So bekam ich eine Aufforderung von Jhering, ob ich nicht mal zu ihm kommen möchte. Wir haben gesprochen, und daraufhin bot er mir an, in den »Börsen-Courier« einzutreten, zunächst als Volontär. Aber das dauerte nur ein halbes Jahr, und schließlich war ich der Feuilletonredakteur des Blattes. Das ging alles durchaus glatt und war erfreulich.

Ihre Erinnerung an Jhering – verzeihen Sie, wenn ich ganz offen rede –, er ist nicht der Typ, der Sie eigentlich beeindrucken konnte, ein Mann, der klar, interessant, aber sehr kalt schrieb, ein nüchterner, aber kein sinnlicher Kritiker wie – sagen wir – Alfred Kerr[18]. Habe ich recht, oder?

Sie haben recht, und doch möchte ich Ihnen widersprechen. An seiner Sinnlichkeit hatte man Zweifel, andererseits finde ich manche Beschreibung auch wieder sinnlich. Der Unterschied zwischen Kerr und ihm war der: Kerr war eigentlich dafür, daß man eine Theateraufführung genießen konnte, daß man sich an ihr erfreuen konnte und daß man Anregungen zu seiner Phantasie selbst empfand. Jhering dagegen hat ein Theater befürwortet, das mehr zu einer Studienangelegenheit wurde, daß man sich am Beispiel von Stücken fragte: Ja, wie könnte man etwas ändern? Wie könnte man ändern, daß es Krieg und Kriegsgegner gibt? Wie könnte man Partei ergreifen? Wie könnte man es durchsetzen, daß es keine Kriege und keine Armen mehr gibt und so weiter? Das war Jherings Prinzip in der Kritik, völlig anders als bei Kerr.

Aber für Sie als Schriftsteller muß doch Kerrs Stil hundertmal interessanter gewesen sein?

Ja, Kerrs Stil war interessant. Seine Arbeiten kannte ich schon viel früher als die von Jhering. Kerr war mir schon vom »Berliner Tageblatt« bekannt, damals bei meinem Onkel in Ostpreußen.

Also, Kerr war der große Mann von gestern, Jhering war der neue.

Ja, genau. Kerr war der große Mann von gestern. Kerr ging zum Beispiel in einem selbst stilisierten, schwarzen, würdevollen Anzug in die Theater und Jhering in irgendeinem saloppen, ungebügelten Anzug. Das wurde wahrgenommen. Für Jhering war das Theater eine Angelegenheit, mit der man sich beschäftigen mußte, zu der man Stellung nehmen mußte, über die man sich auch ärgern konnte, gegen die man protestieren oder die man annehmen konnte, während für Kerr doch die Frage lautete: War es eine schöne oder eine weniger schöne Aufführung?

Jhering wollte mit Hilfe des Theaters die Welt verändern. Kerr machte sich keine Illusion und meinte eher:»Das ist ein herrliches Spiel.« Ihnen muß doch eigentlich die Kerrsche Konzeption näherstehen?

Ich habe Kerr gern gelesen. Aber näher stand mir in diesen Jahren doch die Jheringsche Konzeption. Nicht, daß ich der Meinung war, daß Jhering durch die Bühne als moralische Anstalt die Welt ändern konnte, nein. Aber er fand es zeitgemäß, eine Diskussion über die Dinge zu führen, die uns hätten bewegen müssen, aber noch lange nicht alle bewegt haben.

Was haben Sie denn im »Börsen-Courier« gemacht?

Zunächst tat ich alles mögliche. Ich habe Redaktionsdienst gemacht, zum Beispiel Umbruch. Ich habe viel geschrieben, anfangs auch für den Lokalteil, was mir besonderen Spaß machte. Ich bin gern irgendwo hingegangen, wo was los war, und habe zum Beispiel über Radrennen und alles mögliche geschrieben. Dann aber wurde ich durch Jhering als dem verantwortlichen Redakteur des Feuilletons

Redakteur und habe mich bemüht, Literatur und Kunst zu fördern, soweit es möglich war.

Wie haben Sie die nationalsozialistische Machtüber-nahme, den 30. Januar 1933, im »Börsen-Courier« erlebt?

Das ist eine Geschichte: Ich war am 29. Januar und schon einige Tage vorher in München gewesen, um die Urpremiere der »Pfeffermühle« von Erika Mann zu sehen.

Die gab es schon?

Ja, das war der absolute Anfang der »Pfeffermühle«.

Ich stand in einem gewissen Freundschaftsver-hältnis mit Klaus und Erika Mann. Außerdem gab es da eine Schauspielerin, mit der ich in einem noch besseren Verhältnis stand. Für die habe ich Texte geschrieben.

Über Ihre Liebesgeschichten reden wir etwas später.

Ja, gut. Also, ich entsinne mich, an diesem Abend – die Premiere fand in einem Lokal statt, das »Bon-bonniere« hieß – war die allgemeine Stimmung in München die: »Mit Hitler geht es ja schon abwärts.« Als wir in dem Lokal so etwas wie eine Premieren-feier machten, kam Thomas Mann herein, außer-ordentlich würdevoll, in einem Mantel, der bis zu den Schuhen runterging, und einem steifen grauen

Hut mit hochstehendem Rand, wie ihn in schwarzer Farbe die Diplomaten damals trugen. Und er ging würdevollen Schrittes durch die Runde. Erika stellte uns vor, er gab uns die Hand und sprach ein paar Worte. Erika sagte:»Bleibst du nicht?« Er ging wieder. Das war meine Begegnung mit Thomas Mann.

Jetzt aber kommt es: An diesem Abend wollte ich, mußte ich nach Berlin zurückfahren, weil meine Beurlaubung vom »Börsen-Courier« zur Mitarbeit an der »Pfeffermühle« vorbei war. Ich fuhr zurück und hatte noch das Gespräch im Ohr:»Mit Hitler ist es ja eigentlich aus!«

Auf dem Anhalter Bahnhof in Berlin las ich die Zeitung mit der Schlagzeile:»Hitler Kanzler«. Mir wurde schlecht, wirklich. Ich übertreibe nicht. Mir war schlecht.

Ich fuhr sofort in die Redaktion des »Börsen-Couriers« und dachte, da wird Heulen und Zähneknirschen herrschen. Es war keineswegs der Fall, sondern der kluge, wirklich kluge Chefredakteur, ein Herr Bonn, der jeden Samstag/Sonntag im Blatt seinen großen politischen Leitartikel hatte, den traf ich beim Umbruch. Ich ging auf ihn zu und wollte ihm sozusagen kondolieren, und er sagte:»Was wollen Sie? Hitler ist jetzt Kanzler geworden. Das ist gut, denn in einem Monat hat er keine parlamentarische Mehrheit mehr. Dann ist er erledigt.«

Aber die Zeitungsboten innerhalb der Redaktion, die die Manuskripte von Zimmer zu Zimmer trugen und mit denen wir sehr intim gewesen waren und die wir alle für junge Kommunisten gehalten hatten, die kamen in SA-Uniform. Da kriegten wir einen ziemlichen Schrecken.

Das heißt mit anderen Worten: Ihr Journalisten, Intellektuellen im »Börsen-Courier« habt keine Ahnung gehabt, was sich wirklich abspielt. Ihr habt die Realität um euch herum total verkannt?

Ja, total verkannt, diese Zeitungsboten und jungen Setzer, die waren uns sogar sehr sympathisch. Brave Leute – und alle waren sie plötzlich in der SA.

Und was war damals mit Herbert Jhering los?

Herbert Jhering hatte kurz vorher noch eine Broschüre geschrieben.

Über das Theater der zwanziger Jahre?

Ja, die Broschüre hieß: »Die getarnte Reaktion«. Und da stand, was alles Furchtbares passieren würde, auch der Satz »Rückgrate werden brechen«. Das war prophetisch.

Blieb Jhering im »Börsen-Courier« in der Redaktion?

Ja, er war die ganze Zeit bis zum Schluß im »Börsen-Courier«. Aber es gingen anfangs sehr viele Gerüchte um, nach dem Reichstagsbrand, die SA würde kommen und uns zusammenschlagen. Ich kann mich nur an ein Mal erinnern, da war Jhering nach Basel gefahren zu einer Theaterpremiere. In dieser Nacht wurde mir der Nachtdienst für die Redaktion aufgehalst, und Jhering rief mich ein paarmal aus Basel an, was los sei, ob irgend etwas passiert sei. Es war aber nichts passiert. Ich konnte ihm sagen: »Gar nichts, völlig still, nichts passiert.« Das war eigentlich alles. Mehr ist dazu nicht zu sagen.

Und Jhering kam dann schließlich zurück?

Ja, er kam am nächsten oder übernächsten Tag zurück, wie es verabredet war.

Wie lange waren Sie noch beim »Börsen-Courier«?

Bis Silvester 1933. Da erschien die letzte Nummer.

Was haben Sie in dieser Zeit im »Börsen-Courier« geschrieben?

Das kann ich Ihnen nicht mehr sagen. Ich habe viel geschrieben, Theaterrezensionen, Filmrezensionen, und ich leitete ein besonderes Literaturblatt, das auf meinen Wunsch gemacht wurde. Dafür war ich verantwortlich.

Wenn ich mich recht erinnere, haben Sie noch über Thomas Mann geschrieben?

Ja, ich habe über Thomas Mann geschrieben. Das wurde mir von rechts sehr übel genommen.

78

Haben Sie nach 1945 mit Herbert Jhering Kontakt gehabt?

Ja, nachdem ich aus Holland zurückgekommen war.

Also schon während des Krieges. Sie kamen doch, glaube ich, 1939 aus Holland zurück?

Ja, 1939.

Wie haben die Beziehungen in jener Zeit ausge-schaut?

Wir waren eine Gruppe von Unzufriedenen, ein Sportredakteur, ein eigentlich rechtsgerichteter Kunstschriftsteller, der ein Buch über Caspar David Friedrich geschrieben hatte, und Karl Korn[19] stieß manchmal zu dieser Gruppe. Karl Korn war damals beim »Berliner Tageblatt«.

Gehörte er zu den Unzufriedenen?

Ja, absolut.

Er war aber später beim »Reich«[20]?

Ja, und auch noch bei uns. Er stellte seine Tätigkeit beim »Reich« als keineswegs ernstzunehmend dar, und wir nahmen sie auch nicht ernst. Das ist typisch für die Intellektuellen im »Dritten Reich«.

Sie haben die Tätigkeit von Korn, habe ich Sie da richtig verstanden, beim »Reich« nicht ernst genommen?

Nein, wir haben sie nicht ernst genommen. Er mußte sich ja auch irgendwo unterstellen.

Irgendwo. Aber er hat da auch Dinge geschrieben ...

Ja, diese Dinge, die ich auch nicht schön finde, habe ich erst später in den Jahren nach dem Zusammenbruch, wo sie irgend jemand ausgegraben hat, gelesen. Ich habe Korn nie für einen Nationalsozialisten oder einen Anhänger dieser Bewegung gehalten, sondern für einen Gegner.

Ist es nicht etwas merkwürdig, Herbert Jhering, der in der Weimarer Republik ein Anhänger Bertolt Brechts, der linken Literatur, des linken Theaters war, hat im »Dritten Reich« sehr schön kollaboriert, war schließlich Dramaturg bei der UFA in Berlin und arbeitete später am Burgtheater in Wien.

Also, bei der UFA war er nicht Dramaturg. Da war er Besetzungschef. Das war ein Posten, der ihm zukam. Er kannte jeden, selbst noch den kleinsten Schauspieler in Berlin und war für ein Besetzungsbüro ein guter Mann.

Und nach 1945 hat er der DDR recht konsequent gedient.

Er ist absolut im intellektuellen, im geistigen, im journalistischen Bereich zur DDR übergegangen. Er hat die Theaterkritik für »Sinn und Form« gemacht und sonst kaum noch etwas veröffentlicht. Nur war er in einen wahnsinnig schlechten Ruf gekommen. Er war verhaßt auf nicht-kommunistischer Seite. Er hatte ein kleines Haus in Berlin-Zehlendorf. Und dieses Haus wollte er nicht verlieren. Er wollte immer ins Theater gehen und über Theater schreiben und eine gewisse Machtstellung, die er als Kritiker hatte, nicht verlieren. Ich sage das nicht zu seiner Entschuldigung. Jhering hat mich mal in Holland besucht. Er hatte damals Schreibverbot in Deutschland, und sein Besuch bei mir hatte einen gewissen Grund: Er erwartete einen Brief von Brecht aus Dänemark an meine Adresse in Holland. Dieser Brief kam auch an. Jhering hatte sich erkundigt, ob ihm Brecht raten würde, auszuwandern, zu emigrieren. Brecht hat geantwortet und ihm dringend davon abgeraten. Er hätte keinerlei Chance im Ausland, er solle irgendwie aushalten in Deutschland. Das stand in dem Brief. Ich habe ihn gelesen. Jhering hat diesen Brief dann vernichtet, bevor er wieder zurückfuhr. Jhering hätte aber auch tatsächlich keine Chance gehabt. Er sprach weder Englisch noch Französisch. Er sprach und schrieb nur deutsch, und wo wäre das deutsche Theater gewesen, über das er noch hätte schreiben können außerhalb Deutschlands? In Deutschland durfte er es auch nicht mehr.

Ich finde, was Sie eben erzählt haben, sehr wichtig. Ich freue mich, das zu hören, denn Herbert Jhering war ein wirklich bedeutender Kritiker der zwanziger Jahre, und nun hören wir, daß er sich sehr unwohl fühlte in der Rolle des Kritikers oder Dramaturgen im »Dritten Reich«, daß er emigrieren wollte, und vielleicht ist es gar die Schuld von Brecht, wenn er, Jhering, nicht emigriert ist.

Er hat ihn jedenfalls nicht ermuntert, sondern ihm abgeraten, zu emigrieren. Das kann man festhalten. Aber ich war schockiert über etwas, was Jhering getan hat und was ich finde, das er nicht hätte tun sollen. Als der »Börsen-Courier« einging und Kerr weg war, bot ihm das »Berliner Tageblatt« die Stellung von Kerr an. Die hat er angenommen, und das fand ich falsch.

Ja, das hat man ihm bis heute nicht verziehen, daß er der Nachfolger des vertriebenen, geächteten und mit ihm in einer Dauerfehde liegenden Kerr war. Der »Börsen-Courier« ging ein. Was taten Sie?

Ich wollte nun Bücher schreiben

Ich wollte tun, was ich mir schon beim »Börsen-Courier« vorgenommen hatte. Die Einstellung des »Börsen-Couriers« war im Grunde gar nicht so wichtig für mich. Ich hatte einen Plan, der allerdings mit dem »Börsen-Courier« zusammenhing. Ich war gern Journalist, aber ich wollte Bücher schreiben. So kam ich auf die Idee, Kulturkorrespondent des »Börsen-Couriers« in Paris zu werden und dachte mir: Auf diesem schönen Posten kann ich nebenbei Bücher schreiben.

Daraus wurde nun nichts durch das Eingreifen der Nazis. Sonst, glaube ich, hätte es sogar geklappt. Der »Börsen-Courier« ging ein. Er wurde von der reaktionären »Berliner Börsenzeitung« übernommen, die noch nazistischer war als die nazistischen Blätter.

Ich wurde nicht übernommen, hatte mich auch nie beworben. Ich wollte nun Bücher schreiben. Ich hatte durch Max Tau[21], den Lektor von Bruno Cassirer[22], eine Verbindung zu dem alten, sehr angesehenen jüdischen Verlag Bruno Cassirer. Ich schätzte Bruno Cassirer als einen sehr, sehr guten Berliner Verleger und war froh, daß er sich über Max Tau für mich interessierte. Ich war verschiedentlich zu Gesprächen bei ihm. Einmal kamen wir überein, daß er meinen Roman, von dem noch überhaupt nichts vorhanden war, drucken würde. Da erzählte er mir eine Geschichte: Frank Wedekind sei auch mal sein Autor gewesen, und er könne die Geschichte bezeugen. Cassirer ließ den Packer des Verlages kommen, einen sehr kräftigen Menschen, und sagte: »Wie war das noch mit Wedekind?« Der hat dann bestätigt: Wedekind hatte einen Vorschuß verlangt. Darauf hatte Cassirer den Packer kommen lassen, daß er Wedekind raussetze.

Später stand ich dann ganz gut mit Cassirer. Er hatte einen Traberstall, das war in Berlin sehr angesehen. Dort lernte ich ein berühmtes englisches Pferd kennen, das viele Preise gewonnen hatte. Cassirer fuhr mit mir in diesen Stall auf dem Renngelände. Ich habe immer eine Liebe für Tiere und besonders für Pferde gehabt und unterhielt mich lange in der freundschaftlichsten Weise mit diesem Pferd. Das hat dem Cassirer so imponiert, daß ich in seiner Achtung stieg.

Eine andere Frage: Wie haben sich die Schriftsteller, die Sie kannten, im Jahre 1933 eigentlich verhalten, diese Schriftsteller, die doch vermutlich in ihrer Mehrheit keine Nazis waren?

Ahnungslos, ganz ahnungslos. Ich entsinne mich an ein Gespräch, das ich mit Gerhard Pohl hatte. Gerhard Pohl war der Herausgeber der »Neuen Bücherschau«.

War das nicht der Hauptmann-Kenner?

Ja, er hat viel über Gerhart Hauptmann gearbeitet, war damals aber hauptsächlich Herausgeber dieser »Bücherschau«, der linken »Bücherschau« – ein ganz links, wenn auch nicht kommunistisch eingestellter Autor. Der hatte eine ganz tolle Theorie und sagte: »Also, es wird eine strenge Zensur geben. Wir werden auch verboten werden. Aber eine Zensur«, führte er das französische Beispiel an, »trägt dazu bei, daß besser geschrieben wird. Wir werden alle sehr gut schreiben, damit die meistens dummen Zensoren gar nicht merken, was wir schreiben.«

Erbärmliche Naivität. Was der Zensor nicht versteht, versteht auch der Leser nicht.

Ja, das war Pohls Theorie, und er war ganz optimistisch, wie viele optimistisch waren. Denken Sie nicht, daß ich mich loben will, sondern es war wirklich so: Ich war fast der einzige, der eine absolut böse, pessimistische Einstellung zu diesem Regime hatte, das da über uns gekommen war.

Daß die Juden Alfred Döblin und Arnold Zweig, Lion Feuchtwanger und Kurt Tucholsky, daß die alle plötzlich vertrieben wurden und nicht existierten, daß ihre Namen nicht genannt werden durften, es sei denn im negativen Zusammenhang, auch die, die wir vorher nannten, Joseph Roth und Egon Erwin Kisch, das hat man irgendwie hingenommen?

Man hat es hingenommen, ja, wie man alles hinnahm. Die Deutschen nahmen alles hin. Auch die Intellektuellen.

Man dachte, Hitler sei eine vorübergehende Erscheinung.

Und auf der anderen Seite waren zum Beispiel Max Tau, Bruno Cassirer und viele andere Mitglieder der

Reichsschrifttumskammer. Sie waren aufgenommen worden.

Man konnte damals als Jude noch Mitglied werden?

Man konnte als Jude in die Reichsschrifttumskammer eintreten, nicht in die Pressekammer, aber in die Reichsschrifttumskammer.

Das heißt, Cassirer meinte, er werde einen jüdischen Verlag im »Dritten Reich« aufrechterhalten können?

Ja. Er war davon überzeugt, und Tau kämpfte dafür, daß dies möglich sein würde. Er hatte den Ehrgeiz, der Cassirer-Verlag sollte das »Dritte Reich« überleben oder wenigstens im »Dritten Reich« weiter existieren.

Das heißt, auch die Juden unter den Intellektuellen hatten ungeheuerliche Illusionen.

Auch die Cassirers wollten damals nicht auswandern, absolut nicht...

Sondern durchhalten.

Durchhalten, durchhalten. Das war die Tendenz. Dann gab es so merkwürdige Sachen: zum Beispiel am 30. Juni 1934, den Röhmputsch. Da rief mich Max Tau an, ich solle doch schnell an den Kurfürstendamm vor das Kabarett der Komiker kommen, da sei auch Cassirer. Ich wußte noch gar nicht, was los war. Ich ging hin. Da saßen Cassirer und Max Tau in Cassirers Auto und sagten mir, es sei Revolution. Das »Dritte Reich« breche zusammen. Es sei eine Revolution gegen das »Dritte Reich«.

Also eine totale Fehleinschätzung?

Eine totale Fehleinschätzung. Sie waren wirklich des Glaubens, die Macht sei jetzt durch die Reichswehr übernommen und der Spuk sei vorbei. Ich habe es nicht geglaubt. Ich muß es wieder sagen: Ich habe es nicht geglaubt. Aber Cassirer und Max Tau, nun wahrlich keine Dummköpfe, glaubten das.

Kein Vorschuß vom Verleger

Wovon haben Sie im Jahre 1934 gelebt, also nach dem Weggang vom »Börsen-Courier«?

Vom »Börsen-Courier« bekam ich noch eine gewisse Abfindung, die aber klein war. Dann fuhr ich nach Italien, wo ich noch nie gewesen war. Ich bin gleich durchgefahren nach Sizilien, nach Agrigent.

Hat das schon Bruno Cassirer finanziert?

Nein, siehe Wedekind, Vorschuß und so weiter, davon hielt er nichts. Das wollte er nicht. Aber ich hatte eben noch etwas Geld. In Agrigent wurde ich krank, weil es da kein Hotel mit einer Heizung gab. Es schneite und wurde kalt. Dann war ich in Palermo und in Taormina. Dort blieb ich eine lange Zeit. Schließlich kam ich wieder zurück nach Agrigent. Cassirer durfte mir nach den Devisenbestimmungen kein Geld schicken. Aber auf Umwegen erreichte mich dann doch einiges Geld, das er auf den Weg gebracht hatte.

Sie haben in Italien geschrieben?

Ich wollte dort einen Roman schreiben.

Aber?

Ich habe keine Zeile geschrieben. Ich habe in Italien gelebt, und es hat mir sehr gut gefallen. 1934, um Pfingsten herum, fuhr ich zurück nach Deutschland. Ich besuchte Tau, besuchte Cassirer. Cassirer triumphierte geradezu, daß ich kein Manuskript mitbrachte, weil er ja keinen Vorschuß gezahlt hatte. Kurz und gut, ich bezog ein Kellerzimmer in Berlin. Dort habe ich diesen Roman, den ich in Italien hatte schreiben wollen, »Eine unglückliche Liebe«, im Juni, Juli, August geschrieben und im September bei Cassirer abgeliefert. Im Oktober erschien das Buch, mein erstes Buch.

Wenn ich mich recht entsinne, hat das Buch »Eine unglückliche Liebe« eine überaus positive Reaktion

hervorgerufen, aber nur bei der Kritik, weniger beim
Publikum. Es ist eher von den Rezensenten beachtet
worden. War das so?

Es wurde von einigen Rezensenten beachtet, von
Rezensenten der »Frankfurter Zeitung«, des »Berliner Tageblatts«, der »Kölnischen Zeitung«, also von
Zeitungen und Kritikern, die noch eher zur unterge-
henden Demokratie gehörten als zum Nationalsozialismus. Da wurde ich sehr beachtet, auch positiv
besprochen, zum Beispiel auch von der »Magdebur-
ger Zeitung«. Aber andererseits war es schon so, daß
die Gesamtheit der Provinzzeitungen das Buch
nicht besprach, nicht wegen des Autors, sondern
wegen des jüdischen Verlegers. Cassirer-Bücher wurden nicht mehr besprochen, weil der Verleger Jude
war.

Ja, aber Herr Koeppen, damit mußten Sie doch rech-
nen.

Natürlich habe ich damit gerechnet. Das hat mich
auch gar nicht gestört. Ich fand Cassirer einen her-
vorragenden Verleger und hätte keineswegs mein
Buch, wenn er sich darum beworben hätte, was in
höchstem Maße unwahrscheinlich war, zum Verlag
des »Völkischen Beobachters« gegeben.

Das kann ich mir denken. Haben Sie die »Unglück-
liche Liebe« seit damals wieder mal gelesen?

Ich lese meine Bücher nicht. Ich habe mal von einem sehr von mir geschätzten Kollegen gehört, er lese nur noch seine Bücher. Das ist bei mir nicht der Fall. Ich lese mich nicht. Oder nur, wenn irgendein Anlaß ist: Wenn ich zum Beispiel zu einer Lesung im Rundfunk aufgefordert werde und soll da irgendwas aussuchen. Dann finde ich eigentlich, daß die Bücher recht gut sind.

Mit anderen Worten: Sie sind in der merkwürdigen Situation, daß Sie bisweilen mit Menschen sprechen, die sich über »Tauben im Gras«, über »Eine unglückliche Liebe« oder »Die Mauer schwankt« äußern, und Ihre Gesprächspartner wissen besser Bescheid über das Buch als Sie selber?

Ja, das stimmt. Das passiert mir. Wenn ich ein Buch zu Ende geschrieben habe, fange ich an, es zu vergessen, ganz bewußt und auch gern.

Ich habe da zufälligerweise mal bei Thomas Mann etwas gelesen, das mich verwandtschaftlich berührt hat. Er hat gesagt, daß er für seinen Joseph-Roman durch die Lektüre ein Wissenschaftler für alttestamentarische Vorgänge geworden sei, aber als der Joseph-Roman fertig und vollendet war, hat er das alles wieder vergessen. Das finde ich, ist die Arbeitsweise eines Schriftstellers.

Ja, die Unkenntnis eigener Bücher ist bei Schriftstellern nicht so selten. Ich habe in Gesprächen mit Anna Seghers seinerzeit festgestellt, daß sie sich an ihren Roman »Die Toten bleiben jung« überhaupt nicht erinnern konnte und alle Figuren durcheinander brachte.

Das kann ich sehr gut verstehen.

Ja, aber erklären Sie mir bitte: Wenn Sie diese alten Romane, Ihre Vorkriegs- oder auch Nachkriegsromane, die nun auch schon 30, 40 Jahre zurückliegen, nicht mehr lesen, es sei denn, Sie sind durch Auftritte gezwungen, was verbirgt sich dahinter, vielleicht Angst?

Das glaube ich nicht. Ich glaube, es ist so, was ich gekocht habe und was nun als fertiges Gericht an die Öffentlichkeit gegangen ist, will ich nicht noch einmal schmecken.

Mir hat einmal ein Schriftsteller gesagt, daß er seine alten Bücher immer mit sehr schlechtem Gefühl liest: Entweder sie mißfallen ihm heute, oder aber er liest sie mit dem Gefühl, o Gott, heute könnte ich das überhaupt nicht mehr schreiben.

Es gibt beides. Wenn man ein Buch fertiggeschrieben hat, die letzte Seite, und man will es an den Verleger senden, da hat man deutlich das Gefühl: »Mein Gott noch mal, ich müßte es eigentlich neu schreiben. Ich müßte dieses Buch ganz neu schreiben. Ich kann es so nicht an die Öffentlichkeit ausliefern. Das ist das eine Gefühl. Das andere ist: Ja, man vergißt es. Man

will es vergessen und doch, beim Wiederlesen,
komme ich darauf: »Kannst du das heute noch
schreiben?« Das ist ein unheimliches Gefühl.

Eine unglückliche Liebe

*Nun, kommen wir auf den Roman »Eine unglückli-
che Liebe« zu sprechen. Das ist ja ein Buch, das
eigentlich zur Literatur der Weimarer Republik gehört. Es war 1934 im Herbst erschienen, aber noch
ganz aus dem Geist der Weimarer Republik geschrieben.*

Absolut, und da gibt es eine Bestätigung. Ich war
schon in Holland. In einem Café las ich eine deutsche Zeitung, und in dieser Zeitung war eine Kritik
der »Unglücklichen Liebe«. Diese Kritik schmeichelte mir sehr, muß ich sagen. Sie wollte mich zer-
reißen, aber sie schmeichelte mir. Da stand: »Nun
haben wir Thomas Mann, Heinrich Mann, Döblin
aus dem Land gejagt, und jetzt kommt ein junger
Mensch und will dies fortsetzen.« Diese Kritik
endete damit, da kann man nur eins wünschen:
»Arbeitslager«. Da ich das in Holland las, freute mich,
amüsierte mich diese Kritik. Ich war durchaus einverstanden damit.

*Etwas unheimlich ist die Rezension dennoch, wenn
jemand einen Autor für einen Liebesroman mit dem
Arbeitslager bestrafen möchte.*

Bei einem Erstling wird immer wieder die Frage gestellt, die nicht leicht zu beantworten ist: Vorbilder? Ich frage nach Schriftstellern, die Sie für Ihre Vorbilder gehalten haben, die Einfluß hatten auf Ihr erstes Buch und vielleicht unbewußte Vorbilder waren. Es gibt ja beides.

Zum Beispiel Goethes »Wahlverwandtschaften«, die haben mich sehr beeindruckt. Und später – ich glaube, ich war einer der ersten Leser der im Rhein-Verlag erschienenen deutschen Ausgabe von Joyce, »Ulysses«, 1927...

Wenn nicht noch früher. Ich glaube, es war früher.

Dann 1926, früher war's nicht. Die Ausgabe war gerade erschienen und kostete, was für damalige Verhältnisse enorm war, 250 Mark, für zwei Bände.

Das ist ja ungeheuerlich.

Ja, es war ungeheuerlich.

Das war wohl ein Privatdruck?

Nein, das war der Rhein-Verlag, der dies machte, so halb als Privatdruck. Ich wußte ja gar nicht, was da drin steht, zunächst einmal. Aber ich habe eine Nase für solche Dinge. Ich wäre vielleicht ein ganz guter Verleger geworden.

Ich machte mit einem Würzburger Buchhändler – zu der Zeit war ich in Würzburg – ein Abkommen:

»Ich kaufe das Buch. Aber Sie versprechen mir, daß Sie es zehn Tage später zurückkaufen. 250 Mark gebe ich, und Sie geben mir dann 200 Mark.« Ich hatte also den »Ulysses« acht Tage bei mir. Ja, und das waren achtmal 24 Stunden. Ich war wach und las das Buch. Ich war hingerissen. Dies ist es, dachte ich damals.

Was hat Sie an dem »Ulysses« von Joyce so beeindruckt?

Das war ein sehr, sehr großes Werk für mich, besonders dieses dort sehr selbstverständlich und sehr selbstbewußt hervorgebrachte Mittel des sogenannten inneren Monologs, daß ein Roman nicht auf äußeren Handlungen allein beruhte, sondern auf dem Empfinden, auf der Phantasie, auf dem Gedankenstrom des Romanhelden.

Ich verstehe natürlich diesen umwerfenden Eindruck, den der »Ulysses« in den zwanziger Jahren auf den damaligen Leser machte. Nur, den inneren Monolog gab es ebenso fabelhaft etwa bei Schnitzler im »Leutnant Gustl«. Aber die deutsche Literatur hat sich darum, glaube ich, kaum gekümmert.

Ja, das ist richtig. Sie hat sich wenig darum gekümmert, als er hier bei Joyce auftrat. Ich bin sogar der Meinung, daß man weiter zurückgehen kann als bis zu Schnitzler. Bei den Franzosen und auch selbst bei den deutschen Romantikern und Klassikern findet man Stellen, die man als innere Monologe betrachten kann.

Ja, es gibt sogar in der »Anna Karenina« eine Passage, wo die Anna Karenina durch Moskau fährt und nachdenkt über ihre Liebesgeschichten.

Ganz recht, ähnlich wie bei Flaubert in der »Madame Bovary«, wo sie durch die Stadt fährt, in der sie lebt, und ihr ganzes Leben und alles überdenkt.

Merkwürdigerweise fällt mir der Einfluß von Joyce in »Eine unglückliche Liebe« gar nicht auf. Ich spüre den Einfluß von Joyce sehr wohl, später bei »Tauben im Gras«. Woher kommt das? Glauben Sie nicht, daß man in Ihrem Buch »Eine unglückliche Liebe« von heute her eher den Einfluß von Proust[23] als von Joyce erkennt?

Ja, das halte ich durchaus für möglich.

Vor allem, was das Erotische angeht.

Also Proust, ich habe ihn vorhin nicht genannt, hatte einen ebenso starken Einfluß auf mich. Es kam aus der Bewunderung heraus, die ich für diese beiden Schriftsteller, Proust und Joyce, hatte. Ich weiß nicht, ob das Wort »beeinflussen« richtig ist. Aber irgendwie waren beide für mich Götter, und irgendwie wollte ich mich ihnen nähern.

Sagen Sie, Herr Koeppen: Alles, was Sie geschrieben haben, alle Ihre Romane sind erfunden?

Ja.

Alle Ihre Romane sind aber auch autobiographisch, alle. Sie haben ja selber einmal den wunderbaren Satz gesagt, ich weiß nicht mehr wo: »Jeder Schriftsteller liegt an der Kette seines Lebens.« Das heißt, die Erlebnisse eines Schriftstellers bedingen die Themen seiner Bücher.
»Eine unglückliche Liebe« – können Sie etwas über den Bezug zwischen Realität und Fiktion in diesem Buch sagen?

Nichts weiter, als daß ich eine unglückliche Liebe mit einer jungen Schauspielerin hatte. Und die hat mich sehr mitgenommen.

Es gibt eine sehr bemerkenswerte Situation in diesem Buch. Der Held des Buches, das Wort Held in ganz unheroischem Sinne, heißt Friedrich, fährt nach Italien und ist mit der Schauspielerin Sybille verabredet, am Anhalter Bahnhof in Berlin. Sie soll da sein, mit ihr will er nach Italien fahren, für zwei oder drei Wochen. Aber sie kommt nicht. Statt dessen kommt eine andere. Sybille hat eine Stellvertreterin geschickt. Und dieser Friedrich findet sich damit ab. So beginnt der Roman, das heißt, Ihr episches Werk beginnt mit einem Resignationsmotiv. Ein Mann erwartet eine bestimmte Frau, die er liebt. Die Frau

kommt nicht. Es kommt eine andere und sagt:
»Sybille kann nicht mit Ihnen fahren. Sie hat mich
geschickt.« Und was tut Friedrich? Er findet sich ab.

Nein, nein. Also, Friedrich fährt nach Italien aus
einer Situation heraus, die sich für ihn ergeben hat,
in der Resignation seiner unglücklichen Liebe zu
dieser Sybille, die Deutschland schon verlassen
hatte.

Aber er nimmt eine andere mit.

Eine andere meldet sich, kommt, und er findet diese
andere auch sehr nett, sehr liebenswert, möchte ich
sagen. Aber das ändert nichts an seiner unglücklichen Liebe zu Sybille. Er erlebt Zürich, die fremde
Stadt im zweiten Jahr des »Dritten Reiches«. Dann
fährt er weiter, ist allein in Italien, auf Sizilien
und...

Ich glaube, in Venedig taucht Sybille wieder auf?

Ja, das ist am Ende dieser Reise. Er will zurück nach
Deutschland fahren, um zu schreiben. Da taucht
Sybille auf, auf sein Bitten, und sie führen in einem
Hotel ein unglückliches Leben von 14 Tagen, das er
dann gar nicht bezahlen kann.

In Holland in der Falle

Wovon haben Sie damals gelebt? Das Buch erschien 1934. Aber es brachte kein Geld, und Sie waren wieder in Berlin.

Ja, was soll ich da sagen? Ich habe im Grunde in meinem ganzen Leben, bis auf die letzten Jahre, niemals genau gewußt, wovon ich eigentlich lebe, und ich kann auch keine ganz konkrete Antwort darauf geben. Ich habe in dieser Zeit in Berlin jedenfalls nicht von Vorschüssen des Verlegers Cassirer gelebt, was ich bedauere und Cassirer heute noch etwas übel nehme. Ich habe irgendwelche Feuilletons für die »Berliner Volkszeitung«, fürs »Berliner Tageblatt« und sonst noch einige Zeitungen geschrieben.

Wie lange blieben Sie dann in Berlin?

Bis November 1934. Kurz danach bin ich nach Holland gefahren.

Ach, Sie gingen ganz kurz nach Erscheinen der »Unglücklichen Liebe« nach Holland?

Ja, da spielten verschiedene Dinge mit: Ich hatte in Berlin eine Holländerin kennengelernt, die aus ganz anderen Gründen nach Holland zurückging. Mein Gefühl war, ich will jetzt auch nach Holland fahren. Eine Gelegenheit dazu ergab sich, weil ich mit dem

Sohn eines Berliner Patentanwalts befreundet war. Seine Eltern waren nach Den Haag emigriert. Sie hatten dort ein Haus, und ich war eingeladen. Ich hatte die Vorstellung, daß ich da einen Monat, vielleicht zwei Monate bleibe und dann wieder zurückfahre nach Deutschland.

Sie blieben alles in allem bis 1938 in Holland.

Beinahe vier Jahre.

Hatten Sie einen deutschen Paß?

Ja.

Das heißt, Sie hatten das »Dritte Reich« verlassen. Aber Sie waren doch kein Emigrant oder nur ein halber Emigrant.

Das klingt häßlich: Aber ich war ein halber Emigrant.

Sie konnten, wenn Sie wollten, jederzeit zurück?

Nein, das war nicht mehr möglich. Ich war inzwischen von der in Holland sehr stark vertretenen Gestapo, der Auslandsgestapo, beobachtet worden. Die wußten von mir. Man wußte, daß ich für die »Pfeffermühle« geschrieben hatte. Es war schon nach ganz kurzer Zeit durchaus nicht ungefährlich für mich, nach Deutschland zurückzukehren. Ich saß also in Holland in einer Art Falle.

Ich konnte nicht nach Paris fahren. Ich konnte nicht nach London fahren. Wenn ich zum Beispiel nach Paris fahren wollte, um ein französisches Visum zu bekommen, verlangten die Pariser ein Durchreisevisum durch Belgien mit einem Vermerk, daß ich jederzeit wieder durch Belgien zurück nach Holland fahren konnte. Das war außerordentlich kompliziert. Ich saß also gefangen in Holland.

Der einzige wirkliche Kontakt, den ich dort hatte, war Klaus Mann, den ich schon aus Berlin gut kannte, mit dem ich öfters zusammen gewesen war und der durch das Gastspiel der »Pfeffermühle« nach Holland gekommen war. Wir trafen uns manchmal in Amsterdam. Wenn ich ihm gesagt hätte, ich arbeite an einem Manuskript, das geeignet sein würde für ihn, da hätte er das sicher vermittelt. Ich hatte aber dieses Manuskript nicht. Natürlich, die Situation der Emigranten reizte mich schon sehr zu einem Roman. Aber es war nicht der Entschluß, endgültig die Brücken zu Deutschland abzubrechen. Auch weil ich mir einbildete, in zwei Jahren ist alles vorbei.

Ja, aber sind Sie damals nicht auf die Idee gekommen, ich spreche ja nicht gleich von einem Roman, aber einzelne Beiträge für die Sammlung, die Klaus Mann herausgegeben hat, oder für andere Zeitschriften der Emigranten zu schreiben?

Nein. Sie müssen die ganze Situation bedenken. Ausgewandert, aus Deutschland vertrieben waren die berühmtesten deutschen Schriftsteller, die hatten zu kämpfen, daß sie irgendwo verlegt wurden. Sie hatten ihre Ansprüche tief runterschrauben müssen, um existieren zu können. Ein unbekannter Mensch in der deutschen Literatur, der durch die »Unglückliche Liebe« nicht bekannt geworden war im Ausland, der hatte überhaupt keine Existenzmöglichkeiten. Ich war angewiesen, und das war wieder, bei aller Freundschaft, irgendwie schrecklich, auf die Familie des Patentanwalts Michaelis, damit ich irgendwo wohnen konnte. Cassirer konnte mir kein Geld schicken. Das war gegen die Devisenbestimmungen.

Dennoch, Herr Koeppen, entsteht hier eine etwas paradoxe Situation: Sie haben sie jetzt schon teilweise, aber eben doch nur teilweise erklärt. Sie sitzen mit einem deutschen Paß in Den Haag und schreiben dort, nach einer Weile, einen Roman, schreiben diesen aber nicht für einen Exil-Verlag, wohl aber für einen Verlag im »Dritten Reich«, einen jüdischen Verlag.

Ja, aber diesem jüdischen Verlag fühlte ich mich verpflichtet. Dieser Verlag hatte mein erstes Buch herausgegeben und hatte eine Option auf mein zweites Buch. Außerdem war Max Tau, der Lektor, mein Freund.

Er ist, glaube ich, kurz vor 1939 erst emigriert.

Er ist erst nach der sogenannten Reichskristallnacht weggegangen.

Sie haben in diesen knapp vier Jahren von der Hilfe der Familie Michaelis gelebt?

Ja, und von einigen Einnahmen, die ich hatte. Es war eine außerordentlich schwierige Situation. Zum Beispiel erschien »Eine unglückliche Liebe« in holländischer Übersetzung in einem holländischen Verlag.

Dafür gab es Geld?

Ich hörte in einer Buchhandlung, daß das Buch erscheine. Ich wußte nichts davon. Ich ging zum Verlag und sagte: »Ich bin der Autor dieses Buches. Wie ist es mit Honorar?« Darauf sagte mir der Verleger, ein freundlicher Mensch: »Ja, das habe ich an Cassirer nach Deutschland überwiesen.« Und Cassirer bestätigte mir das auch. Aber er könne es mir aus Deutschland nicht schicken. Das war ein fürchterlicher Schlag für mich.

Und praktisch blieben Sie nach wie vor auf die Familie Michaelis angewiesen...

Ja, zumindest wohnte ich bei ihnen in einem Zimmer.

Woher hatten Sie Einnahmen? Das klang so mysteriös. Kam noch etwas aus Deutschland?

Aus Deutschland kam gar nichts. Ich habe noch ein-, zweimal in der »Frankfurter Zeitung«, der alten »Frankfurter Zeitung« ein Feuilleton veröffentlicht. Unglücklicherweise kam gerade diese Nummer in die Hände von Erika Mann, und die hätte mich beinahe umgebracht. Sie fand das einen Verrat und etwas Verkommenes, daß man noch für die »Frankfurter Zeitung« schreiben könne. Zu derselben Zeit veröffentlichte aber Thomas Mann im Berliner S.-Fischer-Verlag seinen Joseph-Roman, was absolut gegen den Willen von Erika war. Erika und Klaus Mann waren die entschiedensten Nazi-Gegner, die mir persönlich begegnet sind.

Ich schämte mich auch, muß ich sagen, irgendwie, und doch hatte ich das Geld gebraucht. Das Geld bekam ich aber auch nicht. Es ging an die Adresse einer Tante von mir, die ich in Holstein hatte. Aber die konnte es mir auch nicht schicken.

Sie erzählen mir immer, wo Sie kein Geld herbekommen haben.

Wo ich Geld herbekommen habe, weiß ich nicht.

Das bleibt bis heute mysteriös, wovon Sie gelebt haben.

Ja, wahrscheinlich habe ich von gar nichts gelebt. Es war keine schöne Zeit. Das möchte ich Ihnen sagen. Ich war noch keine 30 Jahre alt, ich wurde in Holland erst 30. In diesem Alter hat man gewisse

Bedürfnisse. Man will auch leben. Man will Mädchen haben. Man will alles das, und dafür hatte ich kein Geld. Ich führte ein sehr armes Leben in Holland.

Ja, ein armes Leben zwischen den Stühlen.

Zwischen den Stühlen, ganz recht.

Die Mauer schwankt

Sie haben in Holland dann doch den Roman für Bruno Cassirer geschrieben, den Roman »Die Mauer schwankt«. Sie haben ihn nicht wieder gelesen, vermutlich, aber Sie erinnern sich an das Buch?

Ja, ich habe es jetzt sogar gelesen.

Wie sehen Sie dieses Buch heute?

Ich muß anfangen mit der Situation: Ich saß in Holland. Ich hatte die Verpflichtung und den Willen, ein zweites Buch für Bruno Cassirer zu schreiben. Da kam Max Tau zu mir nach Holland, zu Michaelis, und er ermahnte mich. Wann käme nun das zweite Buch? Wir sprachen hin und her, und irgendwie, fast ironisch, sagte ich zu ihm: »Ich könnte ja über meine Jugend einen deutschen Kleinstadtroman schreiben.« Max Tau war begeistert. Er fand, das sei die Lösung. Ich sollte diesen Roman schreiben. Dann saß ich in Holland, hatte den Roman zu schreiben und wollte eigentlich nicht. Es stockte. Dann brachte mich das Schreiben auf die Bahn, es entstand ein erster Abschnitt, ein erstes Kapitel, was später ein Drittel des Romans umfaßte. Es war kein deutscher Kleinstadtroman, sondern eine Phantasie über ein nicht genanntes Land auf dem Balkan, wo Diktatur herrschte, eine Diktatur und eine Verfolgung von Gegnern durch diese Diktatur. Dort schilderte ich meine Empfindungen für das damalige Deutschland. Alles, was ich hätte über Deutschland schreiben wollen, das schrieb ich in diesem ersten Kapitel.

Sie hatten keine Befürchtung, daß Bruno Cassirer durch dieses erste Kapitel Unannehmlichkeiten haben könnte?

Ja, doch. Ich hatte diese Befürchtung und habe mit Max Tau darüber gesprochen. Aber Max Tau teilte diese Befürchtung nicht. Er meinte, man müsse es riskieren.

Für mich, wenn ich den Roman heute lese, unterliegt es gar keinem Zweifel, daß die Darstellungen der Verhältnisse in jenem Polizeistaat auf dem Balkan natürlich nichts anderes meinte als die Verhältnisse im »Dritten Reich«.

Ja, dies scheint aber der Schrifttumskammer und der Gestapo entgangen zu sein. Das waren ja keine Leser.

Der erste Teil ist also ein antinazistischer Roman?

Meine Hauptperson in dem Roman ist der Baumeister. Der macht, nachdem er seine Examina absolviert hatte, seine erste Studienreise ins Ausland, lernt dort ein Mädchen kennen, es wird romantisch...

Spielt die Handlung in Ostpreußen?

Ja, sie spielt in Ostpreußen.

Dann kann man wohl annehmen – ich weiß nicht, ob der Ort genannt wird – Ortelsburg?

Ja, das kann man annehmen. Es stimmt.

Kann man auch annehmen, das Vorbild für den Baumeister war Ihr Onkel?

Ja, kann man.

Also, es ist ein Roman aus Ihrem biographischen Umfeld?

Was ich dem Max Tau versprochen hatte...

Sie schreiben also nun, in Holland sitzend, einen Roman für einen jüdischen Verlag in Berlin, wobei

Sie immer daran denken müssen, daß dieser Roman im »Dritten Reich« gedruckt werden soll. Sie müssen also darauf achten, daß Sie die Machthaber nicht zu sehr kränken. Sie sind ohnehin schon sehr weit gegangen in jenem ersten Teil, der da in dem Balkanstaat spielt, mit Spitzeln, mit dem Bewachungssystem, ein Polizeistaat. Die Ähnlichkeiten waren unübersehbar.

Ja, das kann sein. Das kam auch aus der Situation. Als ich also die Handlung nach Ortelsburg verlegt hatte, war dieser Baumeister ja keine den Nazis sympathische Natur. Er war ein Rebell, ein innerer Rebell, aber die Nazis waren ja noch gar nicht da.

Ein Kritiker hat über dieses Buch in einer Zeitung etwas geschrieben, was mich sehr geärgert hat und was mich auf die Vermutung bringt, der hat das Buch nicht gelesen: Ich hätte mit diesem Buch zur Vernichtung der Weimarer Republik beigetragen. Das ist völliger Quatsch. Die Geschichte spielt im Kaiserreich, und es sind Empfindungen des Proletariats und anderer Leute, die gegen das Kaiserreich und gegen den Krieg waren.

Den Kritiker, den Sie zitieren, kann man überhaupt nicht ernst nehmen. Sie haben recht: Er hat das Buch vermutlich nicht gelesen. Eine solche Deutung dieses Buches ist absurd. Der Baumeister ist ja ein Rebell, ein Empörer, ein Mann, der auf seine Weise die Stadt wieder aufbauen will.

Aber wenn er an einen Aufbau denkt, das hat dieser Kritiker angenommen, hätte er an den Nationalsozialismus gedacht, den es noch gar nicht gegeben hat. Er hat an eine freiheitliche Republik gedacht. Das ist wirklich grotesk.

Der Roman »Die Mauer schwankt« ist viele Jahre nicht neu erschienen.

Ich wollte ihn nicht erscheinen lassen.

Warum nicht?

Ich hatte einen Gedanken, wie ich so oft Wünsche und Gedanken habe, die ich dann nicht realisiere. Ich wollte diesen Roman neu fassen. Aber nicht so, daß ich ihn neu schreiben wollte. Er wäre so geblieben. Aber ich wollte ihn unterbrechen mit Berichten über die Situation des Schriftstellers, der dieses Buch in Holland in der Emigration während der Nazi-Zeit schreibt. Doch es ist nicht dazu gekommen.

Inhaltlich führt dieser Roman zu Ihrer Nachkriegsliteratur hin. Gehe ich falsch in der Annahme, daß er formal, im Vergleich zu dem kühnen Erstling »Eine unglückliche Liebe« beinahe ein Schritt zurück war?

Ja. Ich konnte aber Cassirer und auch Max Tau nicht allzuviel zumuten damals.

*Genau das habe ich vermutet. Wenn der Roman, ver-
zeihen Sie das hart klingende Wort, von der Komposition und der Schreibweise her überwiegend, nicht
ganz, aber überwiegend konventionell anmutet,
jedenfalls konventioneller als die »Unglückliche
Liebe«, dann hat das damit zu tun, daß er für einen
Verlag im »Dritten Reich« geschrieben war?*

Ja. Leider muß ich das sagen.

Aber Sie empfinden es auch als eine Art Rückschritt?

Ja. Deshalb habe ich das Buch nach seinem Erscheinen nicht gemocht und war lange Jahre dagegen,
daß es noch einmal aufgelegt wird.

*Was für ein Echo gab es auf das Buch »Die Mauer
schwankt« oder auf die spätere Ausgabe, noch im
»Dritten Reich«, unter dem falschen Titel »Die
Pflicht«?*

Unter dem ersten Titel »Die Mauer schwankt« stand
den Besprechungen im weitesten Sinne entgegen,
daß dieses Buch im jüdischen Verlag Bruno Cassirer
erschienen war. Die Provinzzeitungen besprachen
solche Bücher nie. Aber in der »Frankfurter Zeitung«
gab es durchaus wohlwollende Besprechungen. Ver-
risse gab es nicht, überhaupt nicht.

Rückkehr nach Deutschland

Sie aber waren vorerst immer noch in Holland, nachdem das Buch erschienen war. Wann sind Sie nach Deutschland zurückgekehrt?

Im Herbst 1938. Es war eine verzweifelte Situation für mich, eine wirklich verzweifelte Situation. Ich hatte in meinem Paß eine Eintragung der holländischen Polizei, daß es mir verboten war, in Holland irgendeine bezahlte Arbeit anzunehmen. Ich hätte also zum Beispiel nicht versuchen können, mich als Kellner durchzuschlagen. Das war nicht möglich. Die Michaelis emigrierten in diesem Herbst nach Amerika. Das Haus wurde geschlossen. Ja, und ich war obdachlos. Die Polizei hätte mich gepackt und an die deutsche Grenze gebracht. In dieser Gefahr war ich schon, wenn ich nach Amsterdam fahren wollte. Um dort jemanden zu sprechen, mußte ich mir vorher in Den Haag 200 Gulden von irgend jemandem borgen, der mir vertraute, daß ich sie ihm zurückgeben würde. Diese 200 Gulden mußte ich bei mir haben. Die Polizei in Amsterdam machte Razzien auf Leute, die sie für deutsche Emigranten hielt. Wenn die nicht 200 Gulden bei sich hatten oder nachweisen konnten, daß sie irgendwo 200 Gulden aufbringen, dann wurden sie ausgewiesen, und das bedeutete: Übergabe an die deutsche Grenzpolizei, die eine Polizei der Gestapo war.

*Sie entschieden sich nun, nach Deutschland zurück-
zukehren. Haben Sie keine Befürchtungen gehabt?*

Ich habe entsetzliche Befürchtungen gehabt. Aber
ich hatte irrsinniges Glück.

Welche Befürchtungen hatten Sie?

Ich hatte die Befürchtung, daß ich als Emigrant verhaftet werden würde und weil über mich Akten vorhanden waren.

Über Kontakte mit Erika und Klaus Mann?

Ja.

*Außerdem hatte man Ihnen ja schon in Zeitungen
mit Arbeitslager gedroht.*

Nun war das so: Ich hatte aus meiner Zeit vorher in
Deutschland einige Freunde, die inzwischen berühmt geworden waren, zum Beispiel der Schauspieler Aribert Wäscher und auch der Regisseur
Erich Engel[24].

*Was hat das in der Situation für Sie bedeutet, daß Sie
einige berühmte Leute kannten?*

Es gab mir die Illusion von Sicherheit. Ich flog von
Amsterdam nach Berlin und wurde auf dem Flughafen empfangen. Es passierte gar nichts. Ich bin

dann sofort am nächsten Tag nach Reinfeld in Holstein gefahren, wo eine Tante von mir wohnte und damals auch noch ein Onkel. Ich war die ganze Zeit über dort gemeldet gewesen. Ich hatte mich dort mal angemeldet, aber nicht wieder abgemeldet. Ich ging also auf die Gemeinde und meldete mich um nach Berlin. Dort kam ich mit einer Abmeldung von Reinfeld an. So ging alles ganz gut.

Sie haben sich also kurz vor Ausbruch des Krieges in Berlin angemeldet, aber als zugezogen aus Schleswig-Holstein. Das kann man als eine Art kleine Irreführung der Behörden bezeichnen.

Durchaus und mit Vergnügen.

Sie wollten denen die Tatsache, daß Sie in der Emigration waren, nicht aufs Brot schmieren?

Nein, das hätte verheerende Folgen für mich haben können. Ich wollte nicht in ein Konzentrationslager kommen oder vor einen Staatsgerichtshof.

Bald nach Ihrer Rückkehr nach Deutschland brach der Krieg aus. Was geschah mit Ihnen, beruflich?

Ich war nicht in meinem Leben oder meiner Freiheit bedroht, als ich nach Holland reiste, und Jude war ich auch nicht. Es war eine freiwillige Emigration. Es verhielt sich aber so, als ich dorthin ging und so lange da blieb, bekam ich eine wachsende Abscheu vor dem, was in Deutschland geschah.

112

Was geschah nun jetzt, nachdem Sie zurückgekommen waren und sich in Berlin ansiedelten? Sie mußten doch von irgend etwas leben. Die Familie Michaelis zahlte ja nicht mehr für die Wohnung in Berlin.

Nein, selbstverständlich nicht. Ich trat sozusagen ein in mein Gewerbe als Schriftsteller. Darf ich noch etwas zu meinem Flug nach Deutschland erzählen?

Ja, natürlich.

An dem Tag, ich saß schon in dem Flugzeug der KLM, geriet eine Reihe von Passagieren, die zwangsweise in dieses Flugzeug gesetzt worden waren, in höchste Erregung. Es war nach der sogenannten Reichskristallnacht und der verschärften Judenverfolgung. Diese Leute waren irgendwie aufgegriffen worden. Es kamen Anwälte, holländische Anwälte, die für diese Personen die Zwangsausweisung aufheben wollten. Es gelang ihnen nicht. Dann richtete sich an den Flugkapitän die verzweifelte Bitte einer Frau, doch den Abflug zu verschieben. Die Person, für die diese Bitte galt, saß schon im Flugzeug. Der Flugkapitän sagte gegen seinen Fahrplan, gegen seine Anweisung, ja, er würde eine Zeit warten. Dann kam ein Anwalt. Dieser Mann, um den die Frau gebeten hatte, daß er nicht ausgeliefert würde, konnte aus dem Flugzeug aussteigen.

Ich erzähle dies aber aus einem ganz anderen Grund: Dieses Flugzeug mit dem menschlichen

Kapitän verunglückte auf dem Rückflug von Berlin nach Amsterdam, und auch der Kapitän kam dabei um. Das Entsetzliche war, daß die Passagiere des Fluges nach Berlin fast ein Unglück herbeigewünscht haben. Es geschah aber auf dem Rückflug.

Das ist wieder eine romanhafte Geschichte, eine der vielen Geschichten, die Sie erlebten und leider nicht geschrieben haben.
Warum sind Sie übrigens geflogen? Das war ja nicht üblich, von Holland nach Berlin zu fliegen.

Wegen der Personen, die mich auf dem Flughafen in Berlin erwarteten. Das war der Grund. Ich wußte, daß ich durch meine Schauspielerfreunde und vielleicht auch durch Hans Georg Brenner und den Verlag Fürsprecher haben würde, wenn...

Aber die hätten Sie doch auch am Bahnhof Friedrichstraße erwarten können?

Nein, das ist ein Irrtum. Im Zug wäre ich wahrscheinlich bei einem Grenzübergang sofort verhaftet worden.

Unabkömmlicher Drehbuchautor

Sie sagen, in Berlin waren Sie wieder Schriftsteller. Was bedeutete das konkret?

114

Das bedeutete viel. Ich hatte sofort Möglichkeiten, mich beim Film unterzustellen, wie es viele Kollegen, die ich jetzt nicht beim Namen nennen will, weil es ihnen vielleicht peinlich wäre, auch getan haben.

Es wäre niemandem peinlich. Alle sind stolz darauf und alle sagen, daß sie zum Beispiel in dem Film »Bel ami« als Autoren mitgewirkt haben.

Ich kenne verschiedene, die ganz entschiedene Antifaschisten, Antinationalsozialisten waren und die auch beim Film arbeiteten mit dem Ziel, zu überleben, sich aber nicht zu kompromittieren.

Offenbar. Sie kamen relativ früh zur UFA?

Ich kam nicht zur UFA. Jetzt könnte ich Ihnen wieder einen Roman erzählen.

Ich bitte darum!

Ich war in Berlin und hörte davon, daß ich bei einem Regisseur Chancen haben könnte und daß er mich beschäftigen würde. Es war Paul Verhoeven[25], damals ein großer, bekannter Regisseur. Aber aus privaten Gründen und weil ich schreiben wollte, kam ich nach Kampen auf Sylt. Das war 1939, vor Ausbruch des Krieges.

Im Weißen Haus in Kampen, das irgendwie eine besondere Funktion hatte, traf ich eine sehr reizende Person, ein Mädchen, das ich mal in einem

Berliner Boheme-Kabarett kennengelernt hatte. Die traf ich da plötzlich, ohne daß ich wußte, was aus ihr geworden war. Sie war die Freundin von Ernst von Salomon[26], und er war auch da.

Ich bekam einen wahnsinnigen Schrecken und wollte sofort abreisen. Ich schätzte bis zu einem gewissen Grad Ernst von Salomon als einen guten Schriftsteller. Ich wußte, »Die Geächteten« sind von einem Schriftsteller geschrieben, aber es war für mich ein furchtbares Buch, und ich dachte, er ist ein furchtbarer Mensch.

Nun war es unvermeidlich, daß ich Ernst von Salomon kennenlernte. Er hatte sein Zimmer direkt über dem meinen, und er ging dort – wie die Freundin sich ausdrückte – seinen Zuchthausgang. Er ging die ganze Nacht über meinem Kopf auf und ab. Mir war das unheimlich. Aber ich kam bald darauf: Ernst von Salomon war inzwischen ein geachteter und gefragter Drehbuchautor für die UFA geworden.

Die Freundin sagte mir sofort, er würde mir etwas vermitteln können. Es kam nicht dazu, damals jedenfalls nicht. Aber ich entdeckte in ihm, was er auch war, einen Gegner Hitlers. Er war ein absoluter Gegner Hitlers, merkwürdig, aber er war es. Er redete auch gern über sich. Er sagte immer wieder: »Wir haben damals den falschen umgebracht, Walther Rathenau.[27]«

Später, als wir eine Zeitlang im selben Hotel in München wohnten während des Krieges und der 20. Juli kam, da sagte er zu mir etwas zynisch und schnoddrig: »Putschen muß man können!«

Wohin und wozu führte nun diese Begegnung mit
Salomon und dessen Freundin im Weißen Haus in
Kampen?

Sie führte zunächst zu gar nichts. Also Salomons,
wenn ich so sagen darf, waren von Anfang an irgendwie von meiner Situation unterrichtet, daß ich aus
Holland zurückgekommen war. Sie kannten auch
die Leute, die ich in Holland gekannt hatte. So ver-
sprach mir Salomon seine Empfehlung an irgendwelche UFA-Chefs. Inzwischen war auch Verhoeven
in dieser Sache tätig gewesen, und das gab den Aus-
schlag. Ich habe dann für die UFA, und seit 1941 auch
für die Bavaria Film-Kunst in München gearbeitet.

Was haben Sie da gemacht? Waren Sie Dramaturg
oder Autor?

Ich war Drehbuchschreiber.

Und bekamen ein Monatsgehalt?

Nein, ich bekam ein Honorar. Es war so, ich sollte
zum Beispiel einmal nach einem Stück von Suder-
mann ein Drehbuch schreiben. Das habe ich auch
gemacht. Es war völlig unpolitisch und hatte mit
dem »Dritten Reich« überhaupt nichts zu tun.
  Aber jetzt kommt etwas, was schwer zu verstehen
ist. Ich wollte überhaupt nicht, daß irgendeine Film-
bearbeitung von mir im Nazi-Reich verfilmt wurde.

Und das haben Sie erreicht?

Das habe ich erreicht. Ich habe es so gemacht, daß die Leute sagten: »Na ja, dieser Koeppen, der ist ja sehr begabt, aber er ist völlig ungeeignet für uns. Aber wir wollen ihn wieder beschäftigen. Vielleicht kommt mal was dabei raus.«

Wie viele Drehbücher haben Sie insgesamt während des Krieges geschrieben?

Vielleicht vier.

Und davon konnten Sie vier Jahre leben?

Davon konnte ich sehr gut leben. Ich konnte dieses Geld gar nicht ausgeben.

So viel bekam man dafür bezahlt, auch wenn das Drehbuch nicht realisiert wurde? Das waren ja paradiesische Verhältnisse.

Wenn Sie so wollen...

Sie haben nie leichter Geld verdient?

Ja, das ist richtig. Ich habe nie leichter Geld verdient. Aber das Geld war gar nicht das Ausschlaggebende. Das Ausschlaggebende war, daß man als Drehbuchautor eine Bescheinigung bekam, daß man nicht einzogen werden konnte. Das war das Entscheidende für mich. Ich wollte unter keinen Umständen Hitlers Soldat werden. Und ich hatte eine solche Bescheinigung.

Nazi-Gegner, Judenverfolgung, Krieg

Sie wußten von anderen Menschen, Autoren, Schauspielern, Regisseuren, mit denen Sie zusammenkamen, in jedem Fall, wer Nazi war?

Das wußte man ganz genau. Das war sogar herrlich, muß ich sagen. Man wußte ganz genau, mit welchen Leuten man offen sprechen konnte und mit welchen nicht. Es gab ein ungeheures Vertrauensverhältnis, das reichte von Angehörigen des aristokratischen Widerstandes bis zu den Kommunisten. Niemals ist mir ein Fall bekannt geworden, daß ein Kommunist oder ein Aristokrat irgendwie in Schwierigkeiten oder Prozesse verwickelt war oder andere belastet oder verraten hätte.

Es gab auch keine Denunziationen?

Nein, in diesem Kreis nicht. Es gab überall die Gefahr, denunziert zu werden. Es sind Leute, die im Luftschutzkeller irgend etwas gesagt haben, was dem »Dritten Reich« nicht paßte, hingerichtet worden.

Aber Sie haben in Ihrem Umkreis derartiges nicht erlebt?

In meinem Umkreis gab es derartiges nicht. Ich habe in dieser Zeit fast ausschließlich mit mehr oder minder entschlossenen Nazi-Gegnern verkehrt und sonst mit niemandem.

Woran erkannten sich die Nazi-Gegner? Doch nicht nur an den Äußerungen?

Man hatte ein Gefühl dafür. Ich kann es nicht sagen. Es gab ein Gefühl dafür, vergleichbar fast mit dem, was Rowohlt gesagt hat, er hätte an einem Manuskript gerochen und dann angenommen oder abgelehnt. So ungefähr roch man von Mensch zu Mensch und wußte, dies ist ein Gegner, oder dies ist kein Gegner.

Kannten Sie Horst Lange[28]? Er ist doch eigentlich ein wichtiger Autor gewesen.

Mit Horst Lange war mein Verhältnis schwierig. Nicht äußerlich. Wir kamen oft zusammen und waren Freunde, möchte ich sagen.

Als ich aus Holland zurückkam, wußte ich nichts von Horst Lange. Ich hatte das Erscheinen der »Schwarzen Weide« nicht erlebt. Aber man machte mich darauf aufmerksam, dies sei ein Buch, das ich lesen müßte. Ich habe es auch gelesen und fand es ein sehr gutes, ein erstaunliches Buch. Ich traf dann später Horst Lange, und wir standen in einem freundschaftlichen Verhältnis.

Bei Ausbruch des Krieges erschien in der »Frankfurter Zeitung« »Die Ulanen-Patrouille« von ihm, und ich dachte zunächst, das würde ein Buch sein, in dem er sich zum Militär bekennt. Das war es aber keineswegs. Es war eine reine Liebesgeschichte und ein schönes Buch.

Dann wurde Horst Lange Soldat und schwer verwundet. Er hat ein Auge verloren. Ich habe ihn noch ein paarmal getroffen. Dieses verlorene Auge hatte ihn irgendwie dazu gebracht, daß er das Bewußtsein hatte, er habe sein Auge für das Vaterland geopfert. Es war kein Patriotismus, sondern ein Gefühl für Deutschland.

Herr Koeppen, der Gerechtigkeit halber möchte ich sagen, daß ich eine Geschichte kenne, die Horst Lange damals, ich glaube, während des Aufenthalts im Lazarett geschrieben hat und die überraschenderweise im »Dritten Reich« in der »Kölnischen Zeitung« veröffentlicht wurde. Die Geschichte hieß »Auf den Hügeln vor Moskau«. Es ist eine rein pazifistische Geschichte. Ich habe weder eine Spur von Kriegsbegeisterung noch von Patriotismus gespürt.

Ich war damals in meiner Situation außerordentlich empfindlich. Sagen wir mal so: Ich habe mich arrangiert mit dem Film. Er hat sich arrangiert mit der Wehrmacht.

Ich habe einmal gehört, daß die Gegner des Regimes sich an einer Sache erkannten, die etwas merkwürdig klingt, nämlich am Regenschirm.

Na ja, ich bin auch mit einem Regenschirm gegangen. Der damalige englische Außenminister Eden wurde in der deutschen Presse als lächerliche Figur dargestellt, Chamberlain auch, weil sie immer mit Regenschirmen gingen. Das verursachte, vielleicht war es auch nur eine internationale Mode, daß Gegner des Regimes gern mit Regenschirmen gingen. Ich auch.

Was passierte am 1. September 1939? Können Sie sich an den Tag erinnern? Wie haben Sie diesen Tag erlebt? Was haben Sie gespürt, gedacht, gehofft und gefürchtet?

Ich wohnte in Berlin in einem möblierten Zimmer in der Bleibtreustraße, einer Nebenstraße vom Kurfürstendamm. Meine Wirtin, sie war Radiohörerin, sagte mir, jetzt sei der Krieg da, der Krieg sei ausgebrochen, und viele aus dem Haus, in dem ich wohnte, seien schon eingezogen worden, entweder durch Boten der Wehrmachtstelle oder durch die Polizei, das weiß ich nicht mehr. Also, ich wußte, daß man in den Krieg geholt werden konnte.

Dann sah ich einen Menschen mit dem üblichen Pappkoffer. Der eilte außer Atem, er hatte sich wahrscheinlich verspätet, um noch rechtzeitig eingezogen zu werden. Sofort hatte ich die Vorstellung: Warum rennt dieser Mensch so in seinen Tod?

Ja, und dann am Mittag – es war schönes Wetter – war ich mit Wilfried Seifert, meinem Freund, im Café Bristol am Kurfürstendamm verabredet. Da saßen wir, und es kamen noch zwei Leute hinzu. Wir sprachen über den Krieg. Die Meinungen waren ganz verschieden, aber alle waren irgendwie entsetzt.

Was, haben Sie vermutet, wird nun kommen?

Ein langer Krieg.

Sie waren überzeugt, daß es ein langer Krieg wird?

Ja, ein jahrelanger. Ich war auch von vornherein überzeugt, und das blieb trotz der Anfangsgewinne gegen Polen und Frankreich so, er, Hitler, wird ihn verlieren.

Am 1. September 1939 waren viele Menschen der Ansicht, Hitler wird den Krieg verlieren.

Ja, ich auch.

Als die, wie es hieß, größte Hakenkreuzfahne Europas am Arc de Triomphe hing, änderte sich die Ansicht.

Das stimmt, sie änderte sich, und sie änderte sich noch mehr nach den ersten Erfolgen in Rußland.

Auch da. Haben Sie in keinem Augenblick gemeint,
die Nazis könnten den Krieg gewinnen?

Beim Vormarsch in Rußland, ja. Das machte mir
Angst. Polen hatte mir noch keine Angst gemacht.

Und Frankreich auch nicht?

Auch nicht, Norwegen auch nicht. Aber Rußland
machte mir Angst. Ich dachte, wenn er die Sowjetunion zur Niederlage bringt, dann hat er gewonnen.

Wann haben Sie von umfangreicheren, großen
Deportationen von Juden aus Berlin gehört? Was ist
Ihnen zu Ohren gekommen?

Es ist nicht nur etwas zu meinen Ohren gekommen,
es ist auch etwas vor meine Augen gekommen. Vom
Anfang des »Dritten Reiches« an wußte man ja, daß
Juden, aus welchen Gründen auch immer, in Konzentrationslager kamen. Daran hatte man sich allmählich, leider Gottes, schon fast gewöhnt. Dann
erlebte man, daß dies sich nach dieser sogenannten
Reichskristallnacht verstärkte. Also, ich kann nicht
sagen, daß ich nichts gewußt habe. Ich kann auch
nicht sagen, daß ich konkret viel gewußt habe, obwohl ich schon einiges wußte. Meine Überzeugung
war, den Juden geht es schrecklich. Sie sind in ent-
setzlicher Gefahr.
Dann wurde dieser Judenstern ausgegeben, den
die Juden tragen mußten. Als mir das zum erstenmal außerordentlich bewußt wurde, stand ich vor

einem Lebensmittelgeschäft ganz in meiner Nähe. Es gab schon diese Lebensmittelkarten. Die hatten auch die Nichtjuden. Aber dann hing plötzlich ein Schild an diesem Laden »Juden werden nur bedient von 13.00 bis 14.00 Uhr«. Da standen sie dann immer noch hinter den doch gelegentlich auch zu dieser Stunde kommenden nicht-jüdischen Käufern. Sie hatten diesen Stern, und es war schrecklich. Ich fand es schrecklich.

Aber es gab auch etwas anderes. Zum Beispiel in diesem Haus, in dem ich wohnte, war eine jüdische Familie. Nicht nur ich, sondern alle Hausbewohner, die an sich, wie es in großen Häusern ist, weiter keinen persönlichen Kontakt hatten, haben, wenn wir die jüdische Mutter und ihren Sohn, der etwa 20 war, sahen, sie mit außerordentlicher Höflichkeit gegrüßt. Es war eine ganz selbstverständliche Regung, die die Nazis sehr ärgerte. In einer Straßenbahn, wenn sie voll war und eine jüdische Frau mit dem Stern kam, standen viele Leute auf und boten ihr den Platz an, was sie verlegen machte, begreiflicherweise. Wir hatten es nicht zu Ende gedacht. Aber es war eine Gefühlsregung. So könnte ich vieles nennen, was in dieser Richtung geschah. Man ging so weit, bis man sich sagen konnte: Mit meinem Gefühl, mit meiner Moral stelle ich mich auf die Seite der Juden. Aber ich will nicht so weit gehen, daß ich mit ins Vernichtungslager muß.

Haben Sie damals schon etwas von Vergasung gehört?

Erst gegen Ende des Krieges.

Aber es hatte sich schon herumgesprochen?

Ja, es hatte sich herumgesprochen. Ich erinnere mich an eine widerliche Begegnung: Ich mußte mit einem Kollegen zusammen über ein Drehbuch sprechen. Wir wohnten im Hotel Regina in München, und dort war ein Mann, den ich von vornherein unsympathisch fand. Aber ich wußte nicht, warum. Dieser Mensch war eitel und ruhmsüchtig. Er erzählte, ohne daß ihn jemand danach gefragt hätte, daß er ein Gas herstelle, mit dem Juden vernichtet würden.

Er war stolz darauf, Gas zu produzieren?

Er war stolz darauf, daß er als Unternehmer Gas herstellte, mit dem in Konzentrationslagern Juden getötet wurden.

Es stellt sich ja immer wieder heraus, daß sehr viele Menschen sehr vieles wußten. Es ist also gelogen, wenn hinterher gesagt wurde: Wir wußten von nichts?

Ja, das stimmt. Wer überhaupt irgendein Gefühl hatte und irgend etwas wissen wollte oder sich dem nicht entziehen wollte, der wußte.

Ich erinnere mich noch einer anderen Szene ganz deutlich. Dort, wo ich wohnte, in der Nähe vom

Olivaer Platz in Berlin, waren zufälligerweise sehr viele Arztpraxen und Anwaltskanzleien, die Juden gehörten. Da bin ich mal nach irgendeiner Nacht am frühen Morgen, so um fünf Uhr – es war schon hell, es muß Sommer gewesen sein – vorbeigegangen. Und ich sah, wie diese Familien abgeholt wurden.

Also, man konnte, wenn man die Augen offenhielt, allerlei sehen. Haben Sie den Namen Auschwitz damals schon gehört?

Ich habe den Namen von Konzentrationslagern gehört, wahrscheinlich auch von Auschwitz. Aber dies kann ich jetzt nicht so direkt sagen.

In den Untergrund

Sie hatten die Bescheinigung der Filmproduktionsfirma und wurden nicht einberufen. Wann begann sich das Wehrkreiskommando oder die Einberufungsinstanz doch für Sie zu interessieren?

Ich war fest entschlossen. Ich wollte mich umbringen, um nicht Soldat für Hitler zu werden. Aber ich habe – wie in all diesen Dingen – wahnsinniges Glück gehabt. Ich habe einmal an einer Musterung, die ich an sich schon furchtbar fand, teilgenommen. Da war ein Stabsarzt oder Oberstabsarzt, der saß auf einem Podium vor mir, schaute mich an und sagte dann: »Wollen Sie Soldat werden?« Und darauf sagte ich deutlich hallend: »Nein!« Darauf sagte dieser Mann: »Lassen wir ihn laufen!« Das ist tatsächlich geschehen. Erklären kann ich es nicht.

Vielleicht hat er Sie für wehrunwürdig gehalten?

Gut, das freut mich dann, wenn es so war.

Wie lange ging das so weiter?

Das ging eine ganze Zeit so weiter, bis der Chef der Bavaria-Film in München regimeverdächtig wurde.

Ich hatte einen Stoff zu bearbeiten, den man an sich ins gänzlich Unpolitische hätte bringen können. Aber die Dramaturgen waren darauf gekommen, daß man da irgend etwas über Phosphatgruben und Phosphatfunde in Nordafrika machen konnte, um das dann ins Nationale zu drehen. Das wollte ich nicht. Ich machte es nicht. Ich hätte es machen können, es hätte nichts bedeutet.

Der Chef der Bavaria rief mich an und sagte: »Wenn Sie in 14 Tagen nicht das Drehbuch liefern, wissen Sie, was geschieht.« Ich wußte genau, was geschieht. Entlassung, und damit Entlassung aus der Unabkömmlichkeit. Das wußte ich.

Haben Sie das Drehbuch abgeliefert?

Nein. Ich bin nach Berlin gefahren. Dort hatte ich noch immer dieses Zimmer und war polizeilich gemeldet. Ich wollte mich in Berlin irgendwie beraten. Ich wußte nicht, was ich jetzt tun sollte.

Dann kam der erste große Luftangriff auf Berlin, im Herbst 1943. Ich erlebte ihn im Luftschutzraum des U-Bahnhofs Nollendorfplatz.

Als der Luftangriff vorbei war, brannte alles, ein riesiger Feuerstrom. Ich versuchte, durch diesen Feuerstrom in meine Wohnung zu gelangen. In der Bleibtreustraße kam mir mein Jugendkollege, der inzwischen bekannte Filmregisseur Arthur Maria Rabenalt entgegen, der in einem Haus neben mir wohnte. Er kam mir mit zwei Köfferchen entgegen und sagte:»Koeppen, Mensch, wo willst du noch hingehen? Das Haus, in dem du wohnst, ist zerstört. Im Keller sind alle tot!«

Da wußte ich zunächst gar nichts, bis ich mir sagte:»Jetzt verschwinde ich!« Dann bin ich in den Untergrund gegangen.

Wie sah das aus? Erklären Sie bitte, was heißt das? Wo haben Sie erst mal gewohnt? Die Bleibtreustraße war ja zerbombt. Wo gingen Sie hin?

Ich hatte Kenntnis von einem Hotel in Feldafing am Starnberger See, und ich ahnte, daß da Möglichkeiten für mich bestehen könnten. Ich muß hinzufügen, durch meine Filmtätigkeit hatte ich Geld, mehr Geld, als ich sonst je gehabt habe.

Was war das für ein Hotel in Feldafing?

Ein elegantes Hotel für elegante Leute, die dort entweder Tennis spielten oder mit ihrer Freundin übernachten wollten. Mir war aber an etwas anderem gelegen.

Wodurch unterschied sich das Hotel in Feldafing von anderen Hotels in Bayern oder in Würzburg? War es etwas Illegales?

Nein, es war nicht illegal. Der Inhaber des Hotels war Parteimitglied.

Wie kamen Sie zu Lebensmittelkarten?

Ich kam zu Lebensmittelkarten, weil mir die Frau von Salomon den Rat gab, ich sollte mir irgendwo einen Wandergewerbeschein ausstellen lassen. Damit konnte man überall auf jeder Gemeinde Lebensmittelkarten beziehen. Dieser Wandergewerbeschein war ausgestellt auf einen Filmschaffenden, der an den verschiedensten Orten Deutschlands irgendwie Filme machen sollte.

Also, Sie hatten Lebensmittelkarten, Sie waren möglicherweise gemeldet, und Sie lebten von dem Geld, das Sie vorher verdient hatten?

Ja, so ungefähr.

Warum hat sich die Wehrmacht nicht um Sie gekümmert?

Das weiß ich nicht. Vielleicht hat sie sich um mich gekümmert. Ich war des frohen Glaubens, daß die dachten, ich sei in dem Haus in der Bleibtreustraße in Berlin gestorben. Da waren ja alle Leute, die in dem Haus gewohnt hatten, durch eine Bombe umgekommen.

Waren Sie bis zum Ende des Krieges in Feldafing?

Ja.

Bis zum Einmarsch der Amerikaner in Bayern. Es hat sich in dieser ganzen Zeit die Wehrmacht nicht um Sie gekümmert?

Nein, eigentlich nicht. Die wußten nichts von mir.

Aber der Parteigenosse wußte, der Inhaber des Hotels?

Ja, er wußte, aber er wollte nicht wissen. Er konnte nicht mehr zurück. Man hätte ihn, wenn er mich angezeigt hätte, vorwerfen können: »Ja, haben Sie das nicht schon ein Jahr vorher gewußt?«

Wie lange haben Sie in Feldafing gewohnt?

Anderthalb Jahre.

Was haben Sie dort den ganzen Tag gemacht? Sie haben doch keine Drehbücher mehr geschrieben? Sie hatten Geld, lebten im Hotel, wie verlief der Tag?

Ich hatte Geld, aber nur für eine gewisse Zeit. Dann ging mir das Geld aus. Da hätte mich der Hotelbesitzer natürlich am liebsten rausgeschmissen. Das konnte er aber nicht mehr. Daraufhin quartierte er mich in einem Keller des Hauses ein. In diesem Keller lebte ich dann, zum Teil von rohen Kartoffeln. Es war schrecklich. Auch war es sehr schwierig für mich, zum Beispiel von Feldafing nach München zu reisen. Im Zug waren Militärkontrollen, die nach dem Wehrpaß fragten.

Sind Sie denn noch gelegentlich nach München gefahren?

Ja, das bin ich.

War das nötig?

Nein. Aber ich wollte es. Ich hatte private Gründe dafür.

Polizeichef in Feldafing

In Feldafing haben Sie dann den Einmarsch der Amerikaner miterlebt?

Ja. Das war sehr romanhaft. Zunächst kamen die Franzosen. Die wurden in das Hotel einquartiert, wo ich im Keller saß. Ich hielt sie für meine Freunde. Sie saßen im Salon des Hotels. Ich kam rauf aus meinem Keller, setzte mich zu ihnen und fing ein Gespräch über französische Literatur an. Sie waren außerordentlich befremdet, wie ich allmählich merkte. Die vorübergehende, einseitige Freundschaft endete damit, daß sie eine Haussuchung in meinem Keller machten, meine Schreibmaschine beschlagnahmten, eine Flasche französischen Weins bei mir entdeckten und sagten, die hätte ich in Frankreich gestohlen. Ich war aber während des ganzen Kriegs nicht in Frankreich gewesen und fühlte mich gefährdet.

Ich übernachtete in der folgenden Nacht, was auch richtig war, in einem Heustadel in der Nähe des Hotels. Aber es war auch nicht richtig. Denn ich fand am nächsten Morgen einen für mich wichtigen Zettel, den eine Angestellte des Hotels angenommen hatte. Klaus Mann war gekommen und hatte mich gesucht. Es wäre für mich in diesem Augenblick unerhört wichtig gewesen. Er hatte auf den Zettel geschrieben, daß er mich gesucht habe und sich im Haus des »Völkischen Beobachters« in München in der Schellingstraße befände. Nun gab es keinerlei Verkehrsmittel. Die Eisenbahn zwischen Feldafing und München war völlig zerstört, und es fuhr auch sonst nichts. Ich organisierte mir also ein Fahrrad. Aber ich brauchte, um mit dem Fahrrad nach München zu fahren, einen Passierschein, und den hätte ich nur von den Franzosen bekommen. Die Franzosen waren aber abgezogen. Inzwischen waren die

Amerikaner da. In der Hauptwache der Amerikaner im Feldafinger Gemeindehaus bekam ich diesen Passierschein nicht. Aber zusammen mit Günther Buchheim, der auch in Feldafing lebte, wurden wir so ungefähr zu Polizeichefs in Feldafing ernannt.

Das ist ja etwas völlig Neues. Sie waren Polizeichef?

Polizeichef war ich auch. Das war mir gar nicht angenehm. Es endete auch nicht gut. Auf jeden Fall bekam ich den Passierschein nicht.

Dann fuhr ich mit meinem Fahrrad nach Tutzing am Starnberger See. Dort waren Engländer, und die gaben mir den Passierschein. Darauf fuhr ich mit dem Fahrrad nach München.

Wie viele Stunden fuhr man mit dem Rad?

Ach, das war nicht so schlimm. Es sind 30 Kilometer. Ich war ein ungeübter Radfahrer, also bin ich in zwei Stunden nach München gekommen. In München war es schön, Rad zu fahren, denn es gab keine anderen Verkehrsmittel. Man war mit dem Rad, zu Fuß oder mit einem Karren unterwegs.

Ich begab mich sofort zum »Völkischen Beobachter«, einem Haus, das ich sonst gemieden hätte wie die Pest. Da ging ich hinein, und man sagte mir: »Ja, irgendein amerikanischer Offizier säße in irgendeinem Zimmer.« Ich ging dahin. Aber es war nicht Klaus Mann. Ich erfuhr, daß er mit der Redaktion einer amerikanischen Militärzeitschrift nach Nürnberg gezogen war. Ich traf Klaus Mann nicht. Ich habe ihn nie wieder gesehen.

Nun, es war für mich sehr dumm, daß ich Klaus Mann damals nicht mehr gefunden habe. Ich hätte allergrößten Wert darauf gelegt, ihn zu sprechen.

Ich fuhr also mit meinem Fahrrad zurück nach Feldafing. Dort wurde mir das Fahrrad gestohlen. Das war unangenehm, weil es einem Mädchen gehörte, das nun um ihr Fahrrad weinte. Ich fühlte mich verantwortlich.

Nun ja, dann war ich also für die Amerikaner zunächst so eine Art Polizeimann in Feldafing.

Dafür bekamen Sie Lebensmittel?

Nein, dafür bekam ich zunächst gar nichts. Es war auch gar nicht die Rede davon, ob ich irgendwas bekam, Lebensmittel oder irgendwas. Es war auch nicht die Rede davon, ob ich das hätte sein wollen oder nicht. Ich war's plötzlich.

Was haben Sie als Polizeichef von Feldafing gemacht?

Es war so, daß ein sehr aktiver Mann in amerikanischer Uniform auftauchte, der auf Menschenjagd ging. In Feldafing war so eine Nationalpolitische Lehranstalt gewesen, die einen bestimmten Auftrag hatte. Überzeugte Nazis hatten ihre Kinder in dieses nationalsozialistische Internat gegeben, das von einem weiten Gelände umgeben war. Dort waren die nach Feldafing Verschlagenen, die »displaced persons«, hingebracht worden, Juden und Personen der verschiedensten Nationalitäten, die sich zum Teil noch in einem fürchterlichen, kranken Zustand befanden. Es war ein Elendslager.

Dieser amerikanische Offizier, der wahrscheinlich der tatsächliche Kommandant des Bezirks Feldafing war, ging auf Menschenjagd. Ich mußte auch nachts in dem Gemeindehaus sein, das die Zentrale der öffentlichen Gewalt geworden war. Der Offizier forderte mich auf, mit ihm in einen Jeep zu steigen und drückte mir eine Maschinenpistole in die Hand. Es war das erstemal, daß ich so eine Waffe in meiner Hand hatte. Ich sagte: »Was soll ich damit?« Und er sagte: »Schießen!« Dann fuhren wir in die Umgebung von Feldafing, in einen Wald. Wenn sich da irgend etwas rührte, befahl er: »Schießen!« Ich habe ja gar nicht schießen können, aber ich habe mich bemüht, den Lauf dieser Waffe irgendwie hochzuhalten, so daß ich ja keinen treffen konnte. Es war eine blinde Aktion.

Aber nun wurde dieser amerikanische Polizeiverwalter in Feldafing für mich interessant, weil mir zugetragen wurde, daß er Holländer sei. Er hatte irgendein Abzeichen an seiner Uniform. Die Holländer waren ja auch Alliierte der Amerikaner gewesen. Damals sprach ich noch ziemlich fließend Holländisch. Ich sprach ihn auf holländisch an und dachte, ich käme in guten Kontakt zu ihm. Der Mann sprach aber kein Wort holländisch, und daraufhin wurde er

mein Feind. Das war unangenehm. Er schmiß mich
sofort aus meinem Posten raus.

Gab er denn vor, Holländer zu sein?

Er gab vor, Holländer zu sein, behauptete aber auf
englisch, es sei eine Unverschämtheit, ihn auf holländisch anzusprechen. Er konnte wirklich kein Holländisch.

*Haben Sie vorher mit ihm deutsch oder englisch
gesprochen?*

Englisch, nur englisch, das ich sehr schlecht spreche,
muß ich dazu sagen. Aber ich kann mich verständi-
gen.

Ich hatte inzwischen meinen Keller in dem Feldafinger Hotel verlassen und ein sehr schönes Zimmer
in einem Forsthaus am See bezogen. Da kam er mit
einem Jeep angefahren, dieser angebliche Holländer. Er kam rein und sagte, ich müsse dieses Zimmer verlassen, ich hätte es zu räumen. Ich dachte,
ich hätte überlebt, jetzt sei alles gut, jetzt könnte ich
wieder leben. Aber er sagte:»In five minutes« hätte
ich dieses Zimmer zu räumen. Das traf mich so tief,
daß ich, als ich mit meinem Koffer durch den Wald
wegging, in Tränen ausbrach. Dies hatte ich nach der
Befreiung durch die Alliierten nicht erwartet. Ich
habe nachher noch eine Unterkunft in irgendeiner
Hütte gefunden. Aber zunächst war ich sehr, sehr
getroffen.

Viel später bekam ich einen Brief von diesem Mann – jetzt war er deutscher Nationalität und adlig. Er wollte eine Filmfirma gründen – und bat mich um meine Mitarbeit.

War er vielleicht ein Emigrant?

Vielleicht. Ich weiß es nicht. Ich habe es nie geklärt. Auf sein Angebot, mich mit ihm einzulassen, bin ich nicht eingegangen.

Handel mit Renoirs und Munchs

Was geschah nun weiter in Feldafing?

Ach Gott, in Feldafing geschah nach diesen aufregenden Dingen gar nichts mehr. Ich bemühte mich, nach München zu kommen, was mir dann auch gelang. In München gab es eine amerikanische Kulturstelle, die das Kulturleben in Deutschland wieder in Bewegung bringen wollte und sich auch ehrlich darum bemühte. Da wurden Lizenzen für deutsche Verleger, für deutsche Zeitungen und Unbedenklichkeitsbescheinigungen oder so etwas verteilt. Ich bin auch hingegangen, traf da berühmte Schauspieler und andere Leute. Ich begegnete dort den mir bekannten und befreundeten Regisseur Erich Engel und den Regisseur Schweikart.[29]

Konnten Sie von Ihren gelegentlichen Beiträgen für Zeitungen oder Zeitschriften leben?

Nein, das konnte ich nicht. Vor allem hätte ich mir davon keine Lebensmittel, keinen Alkohol kaufen können. Deshalb habe ich mich zusammen mit meiner späteren Frau, die damals ein sehr junges Mädchen war, mit Antiquitätenhandel beschäftigt, eine sehr komische Sache. Wir haben zunächst Antiquitäten aus ihrer und aus meiner Erbschaft verkauft. Dann wurden uns von anderen Leuten sehr schöne Sachen angeboten, echte Renoirs, echte Munchs...

Und die haben Sie verkauft?

Die haben wir weiterverkauft.

Waren Sie ein erfolgreicher Händler?

Es gab erfolgreichere. Aber wir waren auch nicht ganz erfolglos.

Davon konnten Sie ganz schön leben zur damaligen Zeit?

Ganz schön ist übertrieben. Aber wir konnten zu den Lebensmittelrationen auf den Karten noch etwas hinzukaufen.

Ich kenne die Verhältnisse in dieser Zeit in München nicht. Ich war 1946 wieder für eine Weile in Berlin.

War es auch hier so, daß das Kulturleben außer-
ordentlich intensiv wurde?

Ja, es wurde intensiv. Man war sehr hoffnungsvoll
und sehr optimistisch. Viele Leute hatten Pläne, es
jetzt gut und ganz anders zu machen, wozu ich sagen
muß, daß die Filmschaffenden aus dem »Dritten
Reich«, die sich im Sommer 1945 im Hof der Kammerspiele trafen, sagten, jetzt sei die schöpferische
Pause. Was herauskam waren meiner Meinung nach
UFA-Filme, ohne daß es einen Reichsfilmdramatur-
gen und einen Kulturminister, also einen Goebbels
gab.

*Das heißt, es war anders als in Berlin oder in Ost-
Berlin, wo immerhin Wolfgang Staudte[30] seine Filme
drehte.*

Ja, es war hier anders. Man wollte wieder in Ver-
dienst, in Stellung kommen. Aber Neues fiel einem
da überhaupt nicht ein.

*Also, solche Filme wie »Die Mörder sind unter
uns«...*

...wären hier in München nicht möglich gewesen.

*Das war ja alles zunächst unter Ost-Berliner Auf-
sicht entstanden.*

Ja, und hier in München undenkbar.

Und wie war es mit der Literatur?

Es gab einen Verleger, der plötzlich aufgetaucht war, Kurt Desch. Er hatte Autoren, auch ausländische Autoren, die lesenswert waren. Und er hatte einige deutsche, die weniger lesenswert waren, meiner Meinung nach. Aber er wurde ein großer Verleger und war jahrelang der führende Münchener Verleger.

Es gab damals auch den Piper Verlag.

Das war später. Desch hatte viel früher eine Lizenz.

Sie haben in dieser Zeit noch nicht daran gedacht, ein Buch zu schreiben?

Doch, natürlich habe ich daran gedacht. Ich hatte mal von Amerikanern eine Anfrage, ob ich eventuell für dpa arbeiten wollte. Ich wollte schon. Aber dann kriegte ich einen langen Fragebogen, und diesen Fragebogen, sagte ich, hätte ich schon bei den Nazis nicht ausgefüllt, und ich würde ihn auch bei ihnen nicht ausfüllen. Damit war schon die Verstimmung da.

Dann überredete mich einer, ihn trotzdem auszufüllen, und ich dachte daran, daß ich auf diese Weise vielleicht doch noch Korrespondent in Paris werden könnte. Ich füllte den Fragebogen dann auch aus. Außerdem sollte in eine lange Liste eingetragen werden, in welchen nationalsozialistischen Organi-

sationen man gewesen ist. Diese Liste blieb bei mir
leer, denn ich war in keiner. Da stand auch, in welchen anderen Organisationen man gewesen war,
und ich dachte, irgendwas muß man doch ausfüllen.
Ich schrieb hinein, was stimmte, aber höchstens
einen Monat gestimmt hatte, daß ich mal, auf An-
sprache von Johannes R. Becher, Mitglied des Bun-
des proletarisch-revolutionärer Schriftsteller gewesen war. Aber diese Notiz führte dazu, wie ich später
erfahren habe, daß es mit der Korrespondentenstel-
lung in Paris nichts geworden ist.

*Jetzt galten Sie für die Amerikaner wieder als Kom-
munist?*

Jetzt galt ich wieder als Kommunist.

*Sie sprechen vom Fragebogen. Das war die Epoche
der Entnazifizierung. Wie haben Sie die Entnazifizierung in Erinnerung?*

Als eine Groteske. Zum Beispiel in Feldafing, da gab
es ein paar bekannte Nazis, denen man nach Möglichkeit aus dem Wege ging. Ich dachte:»Denen geht
es jetzt an den Kragen!«Keineswegs. Denen ist überhaupt nichts passiert. Die Leute machten sich zum
Teil darüber lustig oder waren empört oder sagten:
»Wir müssen uns jetzt irgendwie arrangieren.«
    Es ist auch vorgekommen – ich war irgendwie in
den Ruf eines Antinazis gekommen –, daß mich
Leute, auch dieser Hotelbesitzer, um Persilscheine

142

baten. Dem Hotelbesitzer habe ich ihn auch gegeben, da er mir das Leben gerettet hat.

Die Entnazifizierung war eine Groteske, wohl vor allem deshalb, weil die Okkupationsmächte ziemlich ahnungslos und naiv waren und weil sie die Sache falsch anpackten...

Völlig falsch. Mit diesen Fragebögen war überhaupt nichts zu erreichen.

Jud-Süß-Darsteller Ferdinand Marian

Sie kannten in dieser Zeit doch Ferdinand Marian[31], den Schauspieler, der dadurch berühmt wurde, daß er die Rolle Jud Süß im Harlan-Film gespielt hatte.[32]

Also gut, ich will Ihnen diese Geschichte erzählen. Ich kannte Ferdinand Marian zunächst nicht. Als ich nach Deutschland zurückgekommen war, sah ich als erstes deutsches Theater eine Aufführung des »Othello« in der Inszenierung von Hilpert[33]. In diesem Stück fiel mir ein Schauspieler auf, der den Jago spielte. Das war Ferdinand Marian. Er war der beste Schauspieler in dieser Aufführung und, faszinierend, der beste Jago, den ich je gesehen hatte.

Nach der Premiere waren wir noch irgendwo zusammen und auch Marian kam dazu. Bei dieser ersten Begegnung wußte ich nichts weiter von ihm, als daß er mir als Schauspieler gefallen hat. Nur – wir mochten uns nicht. Wir hatten irgendeinen belanglosen Streit, ich weiß nicht mehr, warum, der aber doch dazu führte, daß ich bald weggegangen bin.

Dann habe ich ihn noch in einem Stück von Bernard Shaw gesehen. Da war er auch sehr gut. Dann geschah lange gar nichts.

Ich kannte aus der Vorkriegszeit in München, wo eine Freundin von mir am Theater war, die Schauspielerin Maria Byk.[34] Sie war damals verheiratet mit dem Dramaturgen des Theaters, einem jüdischen Herrn, und hatte mit ihm eine Tochter. Der jüdische Herr war mit der Tochter nach London emigriert und hatte sich scheiden lassen. Maria Byk fand ich sehr nett. Sie war befreundet mit dem Mädchen, das ich für meine Freundin hielt, und die traf ich in Berlin wieder. Wir freuten uns sehr, uns wiederzusehen, gingen irgendwohin, und erst dort erfuhr ich, daß sie die Frau Marian war. Sie hatte inzwischen Marian kennengelernt.

Das führte dann dazu, daß sie mich einlud, auch mal zum Essen zu ihnen zu kommen. Das war aber schon wieder in München. Ich bin auch hingegangen. Da lernte ich Marian näher kennen und fand ihn eigentlich sehr nett. Es zeigte sich, daß er kein Nazi war. Ich hatte auch gar keinen Verdacht gehabt, daß er Nazi sein könnte, denn den »Jud Süß« gab es noch nicht. Als es ihn gab, hörte ich, daß Marian den Jud Süß gespielt habe, und fand es traurig. Aber ich habe mir den »Jud Süß« nicht angeguckt. Ich bin überhaupt nicht hingegangen.

Sie haben bis heute den Film nicht gesehen?

Doch, ich habe ihn gesehen, später. Dann bekam ich von den Marians noch einmal eine Einladung, nachdem diese Jüd-Süß-Geschichte geschehen war, sie zu besuchen. Ich ging zu ihnen. Es gab ein für die damaligen Verhältnisse sehr gutes Essen.

War das noch während des Krieges oder nachher?

Während des Krieges. Und da geschah dies: Der Marian hatte von meiner Einstellung zur Zeitgeschichte erfahren, und er machte mir einen Vorschlag, der überraschend war. Er bildete sich ein – und das habe ich später, als ich mir den »Jud Süß« angesehen hatte, bestätigt gefunden –, dies sei seine größte Rolle gewesen, wenn sie auch moralisch anfechtbar gewesen sei. Er sei Schauspieler. Er sei kein Antisemit, und Jud Süß sei keine antisemitische Rolle.

Nun gut, darüber kann man streiten.

Dann kam noch etwas hinzu: Ich bin mal mit Marian in den »Berliner Jockei« gegangen, das war ein Lokal, eine Bar, wo noch, sagen wir, Künstler verkehrten. Auf der Straße sah ich – es war gar nicht schön, es gefiel mir nicht, aber dem Marian hat es auch nicht gefallen –, daß sich Frauen, die er gar nicht kannte, ihm an den Hals warfen. Es waren alles Frauen, wie er mit Recht sagte, die auf legale Weise zu einer Rassenschande kommen wollten. Das war eine weit verbreitete, weit in die Schichten der normalen Leute verbreitete Leidenschaft dieser Frauen. Sie wollten alle mit Jud Süß schlafen, nicht mit Marian. Sie wollten mit Jud Süß schlafen, ohne daß das unter das Gesetz der Rassenschande fiel.

Hat Ihnen Marian erzählt – es gab doch solche Gerüchte –, man habe ihn gezwungen, die Rolle zu spielen?

Ja. Er hat eine lange Geschichte erzählt. Es hat mich aber nicht so sehr interessiert. Aber daß Marian meine Bekanntschaft suchte, hatte einen anderen Grund. Marian sagte: Mit Jud Süß sei er als Schauspieler in einen internationalen Rang gekommen. Stellen Sie sich vor, das hat er wirklich gesagt. Er meinte, ich würde doch wahrscheinlich Beziehungen haben, er wolle mit mir in die Schweiz fliehen. Von dort, dachte er, würden ihn die Amerikaner, die Hollywood-Leute, sozusagen mit einem Flugzeug abholen, um ihn zu einem Hollywood-Star zu machen. Dies war ganz ernsthaft seine Meinung. Ich habe zu ihm gesagt: »Das ist Wahnsinn. Wir kommen gar nicht in die Schweiz. Ich würde ja auch gern weggehen. Aber das ist nicht möglich.«

Vielleicht hat man Marian doch gezwungen, die Rolle zu spielen?

146

Ja, vielleicht.

*Gewiß war er ein sehr guter Schauspieler. Ich habe
ihn häufig gesehen.*

Er war ein sehr guter Schauspieler.

*Aber außerdem war er offensichtlich ein Idiot, ein
ungewöhnlich dummer Mensch.*

Nein, das stimmt auch nicht ganz. Er war naiv.

*Naiv, na gut, das ist eine höflichere Umschreibung
dessen, was wir beide meinen.*
*Mich interessiert ein Punkt: Marian hat erklärt,
er habe in diesem schrecklichen Film der Nazi-Propaganda als zentraler Schauspieler mitgewirkt, habe
die Rolle aber so gespielt, wie sie ursprünglich im
Roman von Lion Feuchtwanger angelegt war. Was
soll das Gerede? Der Regisseur Veit Harlan, der diesen Film als schlimmsten antisemitischen Film in der
Geschichte der Menschheit inszeniert hat, hätte doch
gemerkt, daß der Marian eine andere Figur spielt als
er, Harlan, sie gespielt haben wollte.*

Also, Marian behauptete, Goebbels sei sehr unzu-
frieden mit ihm gewesen...

Weil er zu hübsch ausgeschaut hat?

Ja.

Nur, er hätte nicht so hübsch ausgeschaut, wenn es ihm der Regisseur Harlan nicht erlaubt hätte.

Daß er glaubte, in Hollywood eine Karriere zu machen, war ja wohl kindisch.

Er glaubte es fest.

Die Amerikaner hätten vielleicht etwas ganz anderes mit ihm getan.

Sie haben auch was anderes mit ihm getan. Als der Krieg zu Ende war und im Hof der Kammerspiele diese Schauspieler zusammenkamen und sich berieten, da tauchte zu meinem Erstaunen – ich dachte, er sei längst verhaftet worden – Ferdinand Marian auf. Die einen gingen ihm aus dem Weg, die anderen begrüßten ihn.

Er begrüßte mich, und dann stellte sich etwas ganz Erstaunliches heraus: Er war hier mit einer tschechischen Freundin aus Prag, die ich auch kennengelernt habe. Aber dieses Mädchen war keine Nationalsozialistin, keine Deutsche, auch keine tschechische Patriotin. Sie war ein Mädchen, das Marian liebte. Und – in dieser Zeit etwas ganz Ungewöhnliches – Ferdinand Marian hatte ein Auto. Kein einziger Schauspieler, selbst Hans Albers, hatte ein Auto. Er hatte ein Auto und durfte ein Auto fahren. Marian wohnte in Freising bei einem amerikanischen Major, der ihm dieses Auto zur Verfügung gestellt hatte, ihn mit der Tschechin dort wohnen ließ und sich als sein Freund ausgab. Marian war erleichtert und sehr optimistisch, was seine spätere Karriere betraf. Die anderen Schauspieler waren wahnsinnig beeindruckt und dachten alle: »Der Marian hat es wieder geschafft.« Aber dann verunglückte er mit diesem Auto tödlich auf einer Abendfahrt von München nach Freising, wo er zu Hause war.

Ich bin der Meinung, das war das Urteil und die Rache. Da war was mit dem Auto nicht in Ordnung.

Sie meinen, jemand hat absichtlich ...? Amerikaner vielleicht ...? Die haben was getan und einen Unfall erfunden?

Dies Ganze, diese große Freundlichkeit, die sie ihm entgegengebracht haben, mehr als allen anderen Schauspielern, die damals herumliefen, bringe ich in einen Zusammenhang damit. Die Tschechin übrigens wurde nur verletzt und ist dann nach einiger Zeit nach Prag zurückgekehrt.

Tauben im Gras

Wie ging denn Ihr Leben in diesen ersten Nachkriegsjahren weiter?

Ja, Gott, mein Leben ging irgendwie weiter. Ich mußte mich wieder durchschlagen. Und dann stand eines Tages, schon nach der Währungsreform, der

Verleger Henry Goverts[35] vor meiner Tür. Das war 1949 oder schon 1948. Ich hatte ihn nicht persönlich gekannt. Aber wir hatten eine ganze Reihe gemeinsame Bekannte. Henry Goverts kam zu mir und fragte mich, was ich mache und ob ich nicht was für ihn hätte, ob ich nicht was schreiben wollte.

Daraufhin setzte ich mich hin und schrieb in zwei, drei Monaten die »Tauben im Gras«.

In München?

Ja. Die »Tauben« erschienen dann sofort bei Goverts.

Erinnern Sie sich an das Echo auf »Tauben im Gras«? Wenn ich mich recht entsinne, war das Echo der Kritik zum Teil skeptisch.

Ja, das war es, besonders in München.

Worauf führen Sie die Komposition der »Tauben im Gras« zurück? Es war ja ein hochmodernes Buch, ganz anders geschrieben als Ihre »Unglückliche Liebe«.

Das war so, wie ich schreiben wollte. Genau das.

Ich glaube, daß das Echo auf dieses Buch mit dem sehr ungünstigen Erscheinungstermin zu tun hatte.

Ich war in Berlin mal mit Günter Grass zusammen. Er sagte mir, was mich sehr freute, diese ersten

Bücher von mir hätten ihn sehr angeregt und sehr betroffen. Aber er sei heute der Meinung, diese Bücher seien zu früh erschienen. Dieser Stil und diese Art der Betrachtung sei dem Deutschen völlig fremd gewesen und unsympathisch.

Ja, die Bücher sind zu früh erschienen, die Kritik und das Publikum waren für diese Art moderner Literatur noch nicht reif. Dieses Buch, das nach Ansicht vieler, auch meiner Ansicht nach, Ihr bedeutendstes und schönstes Werk überhaupt ist, hat ja eine ungewöhnliche Komposition. Die Komposition ist Ihr eigenes Werk. Es mögen Einflüsse von Dos Pasos oder von Joyce da sein, aber...

Na ja, das sind Stilvariationen oder Tempi oder sonst was. Ich will eine gewisse Beeinflussung nicht leugnen. Es wird kaum einen jungen Schriftsteller gegeben haben, der zur Zeit Goethes nicht irgendwie vom Stil Goethes beeinflußt war. Insofern war ich wohl etwas von Joyce beeinflußt, aber doch mit dem Gedanken: In dieser Art kann ich mich am besten ausdrücken.

Können Sie mir etwas andeuten, wie Sie auf die Idee der ineinander übergehenden Kapitel, der Mosaiksteine, die sich gleichzeitig berühren, kamen?

Das war von mir.

Das Ganze hat ja manchmal den Beigeschmack eines Staffettenlaufs...

Ja, das kann sein. Das entsprach aber meinem Puls-schlag.

Ich glaube, das ist eine gute Formulierung. Der Rhythmus des Buches entsprach dem Pulsschlag, nicht nur Ihrem, sondern auch dem der Epoche. Eigentlich kann ich mir München in einem Roman, um 1950 geschrieben, gar nicht anders vorstellen als in den »Tauben im Gras«. Hat Sie das Echo auf die-ses Buch, das ja nicht überwältigend war, ent-täuscht?

Ach, eigentlich nicht. Ich habe das erwartet.

Warum? Sind Sie auf Mißerfolg eingestellt?

Nein, nicht direkt auf Mißerfolg eingestellt, aber auf Unverständnis.

Und davon haben Sie sich bis heute nicht erholt?

Nein.

Es gibt einen Satz von Ihnen, ich weiß nicht, in wel-chem Zusammenhang gesagt: »Es hätte mein Glück nicht geschmälert, nur von einem einzigen Men-schen gelesen zu werden.« Das heißt gleichsam, Ihre Bücher seien Monologe?

Ja, mit einer Einschränkung habe ich diesen Satz gesagt. Es würde mich nicht stören, es würde mir vielleicht sogar gefallen. Ich würde vielleicht eine Zustimmung von 1000 Lesern oder gar mehr als ein im Grunde nicht beleidigendes Mißverständnis erfassen. Aber ich habe gesagt, es könne mir nicht gleichgültig sein, da ich in meinem Leben den Fehler gemacht habe, vom Schreiben leben zu wollen, und insofern sei ich interessiert daran, mehr Leser, das heißt größere Einnahmen zu bekommen.

Das Treibhaus

Gleich nach den »Tauben im Gras« hatten Sie die Idee, einen zweiten Roman zu schreiben, oder war da wiederum der Druck des Verlegers?

Nein, da war gar kein Druck des Verlegers. Ich wollte jetzt schreiben, nachdem ich das »Dritte Reich« durchgemacht hatte, in dem ich nicht schreiben durfte und nicht schreiben wollte. Ich war darauf aus, zu schreiben. Ich wollte viel schreiben. Ich wollte jedes Jahr ein Buch schreiben, was ich auch beinahe getan hätte. Nein, ich habe mich sofort wieder hingesetzt und ein neues Buch angefangen.

Nach dem München-Roman kam der Bonn-Roman...

Ja, »Das Treibhaus«.

Das war etwas völlig Ungewöhnliches damals. Es hat zu der Zeit niemand einen Bonn-Roman geschrieben.

Nein. Aber ich habe es getan.

Was hat Sie dazu veranlaßt?

Ich habe mich mal acht Tage in Bonn aufgehalten, und dort hatte ich die Phantasien und die Empfindungen, die dann in das Buch hineingekommen sind. Ich habe überhaupt nicht die Recherchen eines ordentlichen Journalisten betrieben, sondern ich bin durch Bonn hindurchgegangen. Das Ergebnis war das Buch.

Haben Sie eigentlich den Roman »Das Treibhaus« in politischer Absicht geschrieben?

Nein. Das ist die einzige Antwort, die ich darauf geben kann: Nein!
 Ich wollte einen Roman schreiben. Dieser Roman spielte dann in Bonn. Das hatte sich so ergeben. Eine politische Absicht oder, wie man mir unterstellt hat, die Absicht, die Regierung zu stürzen, war nicht vorhanden.

Glauben Sie überhaupt an die Möglichkeit des Schriftstellers, Politisches zu bewirken?

Ja, ich glaube sehr daran, aber nicht so, daß man sich heute hinsetzt und zum Beispiel über die Umweltverschmutzung einen Roman schreibt. Der wird schlecht. Man bildet sich dann ein, die Umweltverschmutzung würde durch diesen schlechten Roman aufhören. Ich meine aber, daß zum Beispiel die große bürgerliche Literatur in Frankreich, in England, in Rußland und in Deutschland dazu beigetragen hat, daß das Bürgertum in die Phase seines Untergangs eingetreten ist. Aber das erst nach Jahren, nicht nach dem Erscheinen eines Buches.

Das soll wohl heißen, daß – wenn ich Sie richtig verstehe – Sie der Literatur zwar eine politische Wirkung im Sinne einer generellen Aufklärung zubilligen, aber an eine direkte unmittelbare Wirkung nicht glauben?

Nein. Zu einer Auffassungsveränderung oder einem allgemeinen Wunsch nach Veränderung kann ein Buch sehr wohl beitragen.

Und nun dieses Buch »Das Treibhaus«. Die Reaktion auf das Buch muß Sie ja in hohem Maße verwundert haben. Damit haben Sie doch wohl nicht gerechnet?

Es hat mich verwundert und auch gefreut. Die erste Rezension über dieses Buch ist gleich nach Erscheinen in der »Welt am Sonntag« unter der knallharten Schlagzeile herausgekommen: »Ein Buch, mit der Feuerzange anzufassen«. Mich hat eine solche Beachtung amüsiert und eigentlich gefreut.

Im weiteren Verlauf ist das Buch ja immer wieder attackiert worden. Offenbar hat man den Roman rein politisch aufgefaßt.

Man hat es vielfach politisch aufgefaßt, und meine Entgegnung darauf lautet: Wenn ich politische Absichten gehabt hätte, wenn ich ein politisches Pamphlet hätte schreiben wollen, hätte ich es anders geschrieben. Dies aber ist kein politisches Pamphlet, es ist ein Roman.

Glauben Sie nicht, daß die Idee dieses Romans die Sache doch beeinträchtigt hat? Sie haben ja den Helden des Romans, den Abgeordneten im Bundestag, als eine etwas romantische Figur hingestellt.

Ja, aber eine romantische Figur aus seiner Vergangenheit. Er war ein Emigrant aus dem Nazi-Reich, hatte in England als Emigrant gelebt, hatte sogar bei einem englischen Sender, »Die Stimme Englands«, gearbeitet und war als Deutscher nach Deutschland zurückgekehrt, um hier mitzuschaffen an einem anderen Deutschland, nach seiner Vorstellung.

Der Roman endet aber mit dem Selbstmord des Politikers.

Ja, er scheitert.

Er scheitert sehr schnell. Aber er scheitert nicht nur, er resigniert auch. Er ist eigentlich der Welt, gegen die er antritt, der Bonner Welt, nicht gewachsen.

Sehr richtig, so sehe ich ihn auch. Er war der politischen Welt nicht gewachsen.

Ist das durchaus bewußt angelegt?

Nein, es ergab sich, daß er ein Resignierender war. Er kam nicht durch.

Das war vielleicht der erste politische Roman nach 1945. Heute gibt es keine politischen Romane mehr. Deutsche Literatur ist eine Literatur, die auf eigentümliche Weise, wenn wir von der Trivialliteratur absehen, das Politische meidet und ausspart. Haben Sie eine Erklärung dafür?

Ich kann nur für mich sagen, der Antrieb, dies fortzusetzen, hat sich nicht mehr eingestellt. Ich bin resigniert. Aber ich bin nicht – wie der Abgeordnete – in den Rhein gesprungen. Doch das Thema ist für mich erledigt.

Der Tod in Rom

Nun ist aber Ihr nächster, der dritte Roman der Nachkriegszeit, »Der Tod in Rom«, doch wohl auch ein politischer Roman?

Ja, nun gut. Schauen Sie, ich fühlte mich im »Dritten Reich« als Schriftsteller unterdrückt. Nun war das

»Dritte Reich« weg. Ich konnte wieder schreiben, hatte wieder Verleger für das, was ich schreiben wollte. Es war die Zeit, daß ich das, was ich als Unterdrückung empfunden hatte, nun darstellen wollte. Ich wollte beweisen, daß es eine Unterdrückung gewesen ist, und ich strebte nach einer Freiheit des Wortes.

»Der Tod in Rom« ist doch wohl, Sie werden mit dieser simplen Deutung gewiß einverstanden sein, ein Roman der Auseinandersetzung mit dem Nationalsozialismus in der Bundesrepublik, ein Buch, in dem alle im Schatten der nazistischen Vergangenheit leben ...

Das ist richtig, ja.

Alle drei Romane sind in hohem Maße gesellschaftskritisch, zeitkritisch, und ich würde meinen, nicht nur »Das Treibhaus«, auch »Der Tod in Rom« ist ein hochpolitischer Roman. Für den Leser dieser Romane ist offenkundig, daß jeder eine vollkommen andere Form hat. Sie haben drei ganz verschiedene formale Lösungen angeboten, und das ist in dieser Trilogie gerade das Reizvolle: »Tauben im Gras« ist eine Art Mosaikbild, ein Kaleidoskop aus vielen kleinen Szenen ohne Zentralfigur, denn es gibt keine dominierende Gestalt, sondern eine Anzahl wichtiger Figuren. »Das Treibhaus«, der zweite Roman der Trilogie, beinahe eine biographische Fabel, und der dritte, »Der Tod in Rom«, ist wieder etwas ganz ande-

res: eine rein novellistische Komposition, alles um ein Konzert zentriert, das in Rom stattfindet. Alle Figuren kommen in irgendeinem Zusammenhang mit diesem Konzert nach Rom und treffen sich dort.
Ist das von Ihnen bewußt so angelegt, diese drei ganz verschiedenen Kompositionslösungen?

Ich glaube schon. Bewußt, also wissen Sie, bewußt – das ist bei mir immer etwas unsicher. Ich habe ein Gefühl dafür während des Schreibens, und daraus ergeben sich auch die verschiedenen Anlagen.

Ich glaube, wenn diese drei Romane überlebt haben und bis heute als bedeutende Zeugnisse der deutschen Nachkriegsliteratur gelten, dann wahrscheinlich vor allem deshalb, weil sie so hoch artistische Werke sind. Es geht also nicht nur um den Stoff, sondern um dessen Behandlung?

Ja, artistische Werke, aber auch Werke des Gefühls, des Leids, der Wut.

Sie haben einmal gesagt: »Ich habe niemals durch Schreiben irgend jemandem etwas vermitteln wollen.« Das steht doch im Widerspruch zu den drei Romanen. Sie vermitteln in allen drei Romanen sehr viel, allein »Der Tod in Rom«...

Ich gebe zu, daß man den Satz mißverstehen und auch viel dagegen sagen kann. Ich habe mir nie eingebildet, daß durch mein Buch jemand, der bisher, sagen wir, CDU gewählt hätte, nun sozialdemokratisch wählen würde. Aber ich hatte eine Hoffnung und hätte – wäre es eingetreten – eine Freude daran, wenn mein Buch bewirkt hätte, daß Leser nach der Lektüre einiges anders gesehen hätten als vorher.

Also Sie wollen doch etwas vermitteln?

Ja. Ich möchte sogar so weit gehen, zu sagen, daß ich ein neues deutsches Gefühl, einige Charakterzüge des Deutschen oder hervorstechende Eigenschaften des Deutschen, die mir nicht gefallen, darstellen will. Das ist natürlich eine Anmaßung, daß ich sage, sie gefallen mir nicht, und sie sollten anders werden. Aber irgendwie hatte ich doch den Wunsch, auch die Deutschen möchten sich ändern, dahingehend, daß so etwas, wie es im »Dritten Reich« geschehen ist, nicht mehr möglich sein würde.

Damit kommen wir zum ganzen Problemkreis des sogenannten Engagierten in der Literatur.

Ja, in dem Sinne bin ich ein engagierter Literat, obwohl ich mich keiner Gruppe angeschlossen habe, mich keiner Gruppe verantwortlich fühle und auch mit einer Gruppe nichts zu tun haben will. Ich äußere meine Meinung.

Man hat ja oft angemerkt, daß Sie zu den Tagungen der Gruppe 47[36] nicht gekommen sind. Aber bei verschiedenen Gelegenheiten, auch mir gegenüber,

haben Sie gesagt, daß Sie mit dem Herzen dabei,
aber nicht anwesend sind.

So ungefähr war es auch. Ich habe nie etwas gegen
die Gruppe 47 gehabt. Ich habe nie etwas gegen
Hans Werner Richter gehabt. Ich finde, was er in den
ersten Nachkriegsjahren geschaffen hat, neue Zu-
sammenkünfte, ein neues Bewußtsein der deutschen Literatur, das fand ich sehr schön und sehr
richtig. Ich bin aber kein Gruppenmensch. Ich sah
keinen Grund, mich für das, was ich sagen wollte,
mit anderen zu verbrüdern.

*Ich habe Sie auch nie bei einer PEN-Sitzung gese-
hen ...* [37]

Ja, eben, ich bin kein Gruppenmensch. Ich empfinde
es zum Teil auch als Vorwurf, wenn man mir sagt, ich
sei bei keiner PEN-Sitzung gewesen. Ich bin Mitglied des PEN. Ich bin stolz darauf, Mitglied des
PEN zu sein. Aber ich bin eben nicht zu Sitzungen,
zu Tagungen gefahren, war aber damit einverstanden, wenn en bloc auch meine Stimme für irgendeine Resolution gebraucht wurde. Vielleicht hatte
ich keine Zeit, vielleicht hatte ich auch Zeit. Aber ich
bin eben nicht hingefahren.

Wenn mich in einem Einzelfall, was natürlich
auch vorgekommen ist, der PEN oder eine Akademie gebeten hat, bei ihnen etwas zu lesen, was von
mir war und für das nur ich ganz persönlich verantwortlich war, da habe ich es getan.

Kann man sagen, daß Sie ein engagierter Schriftsteller ohne Programm, ohne Ideologie und ohne Kodex sind? Als unpolitischen Schriftsteller sollte man Sie aber wohl nicht bezeichnen?

Das ist sehr schwer zu sagen. Der engagierte Schriftsteller, für was ist er denn engagiert, für Menschlichkeit, für Toleranz, für Frieden? Natürlich wirkt sich das politisch aus.

Insgesamt hat die Trilogie, also »Tauben im Gras«, »Das Treibhaus« und »Der Tod in Rom« wahrscheinlich eine Langzeitwirkung gehabt?

Ich hoffe, sie ist noch da.

Jetzt zur Sprache und Form dieser Bücher: Wir haben von Vorbildern gesprochen, Joyce und Proust, vorher vielleicht Dos Pasos. Wir haben einen Namen bisher völlig ausgespart: Hemingway.

Natürlich hätte ich ihn nennen müssen. Ich weiß nicht, wann ich das erste Buch von Hemingway gelesen habe. Es war »Fiesta«. Das hat mir sehr gefallen, aber die Verführung, den Ton von Hemingway aufzunehmen, war nicht groß.

Ich habe Hemingway immer für einen bedeutenden Schriftsteller gehalten. Ich glaube, daß ich, als er starb, einen anerkennenden Nachruf geschrieben habe. Aber Faulkner[38] zum Beispiel hat auf mich einen größeren Einfluß als Hemingway gehabt.

Das ist sehr verständlich. Aber könnten Sie erläutern, was Sie an Faulkner beeindruckt hat?

Faulkner schuf eine Welt, Hemingway schuf ein Ereignis, eine Episode. Von Hemingway habe ich alles mit großem Entzücken gelesen. Aber viele seiner Helden waren mir nicht sympathisch. Sie waren, na ja, zu sehr robuste Filmhelden, möchte ich sagen.

Haben Sie Hemingway mal gesehen?

Ja, ich habe ihn gesehen. Aber ich weiß nicht mehr, wann. Es war in Paris, als er betrunken aus einem Lokal rausflog.

Und was passierte weiter?

Nichts, er wurde weggebracht und wird sich in einem guten Hotel erholt haben.

Das war die einzige Begegnung mit Hemingway?

Ja.

Mir fällt ein Widerspruch auf: Sie sagen verständlicherweise, Sie freuen sich, daß die drei Romane der fünfziger Jahre immer wieder erscheinen, auch als Taschenbücher, ein Echo haben und nachwirken. Und doch haben Sie einmal gesagt: Wenn eines Ihrer Bücher erschienen ist, geht es Sie nichts mehr an. Sie haben sich distanziert.

Ist das ein Widerspruch? Ich habe gesagt: Es geht mich nichts mehr an. Das bedeutet: Was dort steht, kann und will ich nicht mehr ändern.

Sie haben auch nie etwas geändert?

Nein, ich habe, wenn es gedruckt war, nichts mehr geändert. Das ist im Grunde alles, was ich dazu sagen kann.

Wenn ich nun höre, es wird gelesen, und es bringt mir über den Verlag ein Honorar ein, da freut es mich natürlich, muß es mich ja freuen. Ich lebe ja vom Schreiben.

Der poetische Reisebericht

Nach diesen drei Romanen, durch die Sie in Deutschland sehr bekannt wurden, haben Sie sich für eine Weile einer anderen Form zugewandt, dem Reisebericht, dem poetischen Reisebericht. Ich glaube, das hatte rein persönliche Gründe, die mit Alfred Andersch[39] zusammenhängen. Stimmt das?

Ja, das fing damit an: Ich war in Hamburg. Zu der Zeit war Andersch beim Nordwestdeutschen Rundfunk für Literatur zuständig. Ich habe ihn damals nicht besucht. Aber ich traf Andersch zufällig auf einer Straße in Hamburg hinter der Oper, und wir freuten uns, uns zu sehen. Er fragte mich, ob ich nicht für ihn arbeiten wollte. Er ginge allerdings vom Norddeutschen Rundfunk weg zum Süddeutschen Rundfunk, sollte dort das »Radioessay« machen, und ob ich nicht dafür schreiben möchte. Wir sprachen hin und her, was es sein könnte oder nicht sein könnte, und dann fragte er mich: »Wollen Sie vielleicht für mich reisen?« Und darauf sagte ich ganz begeistert: »Ja!« Denn ich wollte immer reisen, hatte aber gar nicht die Mittel dazu. Wenn sich hinter Andersch der Süddeutsche Rundfunk bereit erklärte, die Reise zu bezahlen, so war ich begeistert, es zu tun. So bin ich auf Reisen gegangen. Die erste Reise ging nach Spanien.

Und daraus wurde die Reportage »Ein Fetzen Stierhaut«.

Das war ein literarisches, zum großen Teil poetisches Buch, unzweifelhaft, und es war sehr erfolgreich.

Dann gingen Sie nach Amerika. Es kam das Buch »Amerikafahrt« und schließlich der dritte Band 1961, »Reisen nach Frankreich«. Drei Bände Reisebeschreibungen, auf Ihre Art poetische Reiseskizzen, mit einem ungeheuren Echo. Sie haben das aber dann aufgegeben?

Ja, das kam so: Ich war noch im Gespräch mit dem damaligen Programmdirektor des Süddeutschen Rundfunks in Stuttgart, der mir anbot, was mich sehr verlockt hätte, nach Indien zu fahren und über

Indien zu schreiben. Daß es nicht dazu gekommen ist, hatte zwei Gründe: Der eine war ein persönlicher Grund. Ich konnte wegen eines mir nahestehenden Menschen nicht wegreisen. Der zweite Grund war aber, daß ich plötzlich das Gefühl hatte: Das wird ja Routine. Ich hätte ein Land nach dem anderen bereisen können. Wenn ich gesagt hätte, ich möchte nach Japan, ich möchte nach Australien, ich möchte zum Nordpol fahren – irgendein Sender hätte sich gefunden und gesagt: »Es freut mich, fahren Sie hin!« Und da fürchtete ich: Das wird dir zur Routine.

Ihre drei Romane, über die wir sprachen, und die drei Reisebücher – überall sind Sie ein Schriftsteller von ungeheuer hoher Sinnlichkeit. Das ist ja eigentlich einer der wichtigsten Werte, den Ihre ganze Prosa vermittelt. Sie ist voll von Tönen, Gerüchen, vom Visuellen. Es ist eine sehr sinnliche Prosa.

Das freut mich. Das ist aber wenig anerkannt worden.

Ja, aber es ist die sinnlichste Prosa, die in deutscher Sprache nach 1945 geschrieben wurde. Das gilt für die Reisebücher, es gilt genauso für die Romane, in denen die höchst anschaulichen, plastischen Beschreibungen meisterhaft sind. Schön.
Sie haben einmal ein schreckliches Wort gesagt, ein Wort, das so falsch ist wie nur möglich. Das werfe ich Ihnen hier hin wie einen Fehdehandschuh. Sie haben gesagt, Ihr ganzes Werk sei ein Monolog

gegen die Welt. Ich glaube sagen zu müssen: Wenn
einer eine so sinnliche Prosa schreibt, ist es ein Mono-
log für die Welt, was immer er beabsichtigt hat.

Ja, sie haben recht. Ich muß es zugeben. Wie dieses
Wort entstanden ist, »gegen die Welt«? Das kann ich
jetzt nicht erklären. Ich weiß es nicht.

Vielleicht meinten Sie damit die gewisse Melancho-
lie, Schwermut und Resignation?

Auch nicht. Ich habe einmal – irgendwo ist es auch
veröffentlicht worden – einen Briefwechsel mit
Horst Krüger gehabt. Er hat mir vorgeworfen, was
die Rußland-Reise und auch die Amerika-Reise
betraf, warum ich über diese Länder so freundlich
geurteilt hätte. Darauf habe ich ihm geantwortet,
die hätten mir erlaubt, bei ihnen zu reisen, und ich
hätte es schön gefunden in ihrem Land. Aus diesem
Grund sei wahrscheinlich auch das, was ich über
diese Länder geschrieben habe, relativ freundlich
geworden.

Es ist keine Auseinandersetzung mit der politischen
Gesellschaftsordnung in diesen Ländern, sondern
eher eine Wiedergabe Ihrer Eindrücke.

Ja. Ich war dankbar für die Reise, die ich machen
durfte. Diese Länder fand ich schön, ganz besonders
Rußland und Amerika in ihrer großen Weite. Ich
hatte das Gefühl, wenn man nach Amerika oder

auch nach Rußland einreist und die Grenzkontrolle, auch in Rußland, hinter sich hat, ist man in einem sehr weiten, freien Lebensraum.

Haben Sie den Lebensraum in Rußland, in der Sowjetunion tatsächlich als frei empfunden? Ich war auch in der Sowjetunion. Weit ist unzweifelhaft, aber frei?

Diese große Weite, diese endlosen Fahrten mit einem Zug oder mit einem Bus oder auch mit dem Flugzeug...

Finden Sie nicht, daß Luxemburg, wo man sehr bald an Grenzen stößt, ungleich freier ist als die gigantische Sowjetunion?

Gut, also vor die Wahl gestellt, hätte man mir einen luxemburgischen Paß angeboten, ich hätte ihn genommen und wäre gern Luxemburger geworden.

Kritiker

Nach Ihren drei Reisebüchern, Rußland, Amerika, Frankreich, habe ich in der Presse eine Ansicht vertreten, die später oft diskutiert wurde und die, glaube ich, auch von Ihnen, Herr Koeppen, für ganz falsch gehalten wurde. Ich würde gern wissen, wie Sie das aus heutiger Sicht, nach über 20 Jahren sehen?

Sicher ist folgendes: Die Reisebücher sind von der Kritik insgesamt freundlich, zum Teil enthusiastisch aufgenommen worden. Ich schrieb 1961, daß ich es für höchst bedenklich halte, daß man die schönsten Reisebücher gegen Ihre Romane ausspielt. Die Romane, die drei der fünfziger Jahre, waren ja zeitkritische Deutschlandbücher, waren in Deutschland in konservativen Kreisen höchst unbeliebt und unwillkommen. Die Reisebücher haben Deutschland verständlicherweise ausgespart. Da waren Spanien, die Vereinigten Staaten, Frankreich, England, und Kritiker schrieben unter anderem: Endlich ist der Koeppen vernünftig geworden! Er beschäftigt sich nicht mehr mit dieser widerlichen deutschen Misere. Er nörgelt nicht an Deutschland rum, sondern zeigt uns, wie gut der Wein in Frankreich ist und wie schön die Weite Rußlands.

Ich habe damals dagegen befürchtet, sie hätten sich von der Kritik oder einem großen Teil der Kritik vom Roman wegdrängen lassen zur politisch harmlosen Reisebeschreibung. Sie sagten damals, das sei falsch. Das seien alles Kulissenbeschreibungen und Umwege zum Roman. Wie sehen Sie das heute nach einem Vierteljahrhundert?

Noch ähnlich. Die Reisen, aus denen die Reisebücher entstanden sind, waren für mich wichtig. Durch das Hitler-Reich war man ja gebunden, man konnte nicht mehr in der Welt reisen. Ich hatte immer reisen und vieles sehen wollen. Das war nun eingetreten, und ich habe darüber geschrieben. Aber über Spanien zum Beispiel habe ich gegen die Zustände – als ich in Spanien war, regierte noch Franco – so geschrieben, daß ich für eine Zeitlang ein Einreiseverbot erhielt. Ich konnte nicht mehr nach Spanien fahren. Ich nehme an, daß das nicht mehr existiert. Ich würde ohne weiteres nach Spanien reisen. Aber dieses Verbot war ausgesprochen worden, die spanische Regierung fühlte sich damals gekränkt.

Damit haben Sie nur darauf verwiesen, daß diese Reisebeschreibung keineswegs so unkritisch war, wie manche Kritiker sie hinstellten. Sie waren kritisch, auch mit Rußland waren Sie zum Teil kritisch, aber Sie gingen nicht gegen die Verhältnisse in Deutschland an.

Ich war froh darüber, daß ich mich nicht mehr mit Deutschland beschäftigen mußte.

Aber denjenigen, denen Ihre Bücher »Der Tod in Rom« und »Das Treibhaus« auf die Nerven gegangen waren, die darin antipatriotische oder gar undeutsche Bücher gesehen haben, waren froh und haben Sie nun wieder gemocht.

Nun, das ist geschehen. Ich möchte nicht sagen, daß ich wiederum froh darüber war, daß die froh waren, daß ich mich nicht mit Deutschland beschäftigte. Es hat über eines dieser Bücher in Ihrer Zeitung eine Rezension von Karl Korn gegeben, der ungefähr das Schlüsselwort brachte: »Koeppen ist sanft geworden.« Ja, das stand wörtlich da. Darüber habe ich mich etwas geärgert, weil ich nicht das Gefühl hatte, sanft geworden zu sein. Ich wollte auch nicht sanft werden. Aber man hat es verschiedentlich so aufgefaßt.

Wir reden hier über zwei verschiedene Dinge: Sie sagen, die Berichte, die Sie geschrieben haben, waren keineswegs unkritisch. Ich bezweifle das überhaupt nicht. Ich meine aber, Sie hätten sich etwas wegdrängen lassen vom Roman. Sie sagen, Sie haben einen Umweg gewählt, aber der Umweg hat nirgends hingeführt...

Na ja, eine erweiterte Weltkenntnis, die ja für einen Romancier auch nicht ganz unwichtig ist...

Ich meine, Sie haben seit 30 Jahren keinen Roman mehr geschrieben. Also, der Umweg war vielleicht eine Sackgasse. Widerlegen Sie das?

Diesen Weg konnte ich noch gehen. Den anderen Weg mit dem Roman konnte ich nicht gehen. Warum? Es können innere Gründe gewesen sein.

Sie suchen die Gründe nicht in der Welt oder in der Romanform, sondern bei sich selber?

Bei mir selber.

Nun haben Sie ja nach den Reisebeschreibungen zwei weitere Bücher veröffentlicht, Bücher, die auch ein großes Echo hatten. Das eine Buch, das ich ganz besonders liebe,»Jugend«, ist ein Fragment. Wenn ich es recht verstehe, ist das Wort Fragment programmatisch zu verstehen. Das Buch konnte wohl nur ein Fragment sein. Was und welche Situation haben Sie eigentlich beschreiben wollen?

Aus »Jugend« sollte eigentlich ein großer Roman werden . . .

Ein autobiographischer?

Ein autobiographischer, ja, oder jedenfalls mit starken autobiographischen Motiven. Zu dem großen Roman kam es aber nicht. Es gab viele Ansätze dazu, die dann veröffentlicht worden sind und von mir auch als Buch gebilligt wurden.

Glauben Sie nicht, daß in sprachlicher Hinsicht das Buch »Jugend« vielleicht der Höhepunkt Ihres Werkes ist?

Generell möchte ich das nicht sagen. Ich könnte die Abschnitte, die ich als sprachliche Höhepunkte meines Werkes empfinde, auch in anderen Büchern von mir finden.

Dann das andere Buch »Die elenden Skribenten«, Ihre literarkritischen Aufsätze, Porträts über Schriftsteller der Weltliteratur. Wahrscheinlich kann man auch dieses Buch ein Fragment nennen?

Ja, es ist sicher kein literatur-historisches Buch. Es hat mit der Literaturwissenschaft nichts zu tun. Es ist das Resultat der Begegnung dieser Literatur mit dem Autor, der darüber geschrieben hat.

Das heißt, im Grunde ein Buch mit lauter Konfessionen?

Mit lauter Konfessionen, ja.

Wie man es auch wenden mag, ein literaturkritisches Buch, wenn auch ein sehr persönliches, ist es doch geworden. Was für ein Verhältnis haben Sie als Autor zur Literaturkritik überhaupt?

Ich halte Literaturkritik für unerhört wichtig. Sie vermittelt sehr viel, und man lernt sehr viel von der Kritik. Aber dazu muß ich wieder sagen, nicht ich.

Es ist kaum vorstellbar, verzeihen Sie mir das, daß ich es mir zu Herzen nehmen würde, wenn ein Kritiker mir Belehrungen geben will, ich hätte das und das falsch gemacht, und so und so wäre es wahrscheinlich richtiger gewesen. Ich nehme es nicht an. Das ist wie ungelesen, und ich schreibe in meinem Stil weiter.

Thomas Mann hat einmal gesagt, er habe über seine Bücher noch nie etwas von der Kritik erfahren, was er nicht vorher selber gewußt hätte.

Ja, dies kommt auch bei mir vor. Ich bin ein durchaus selbstkritischer Mensch. Wenn ich ein Buch geschrieben habe, und das Buch ist fertig und dem Verlag übergeben worden, dann meine ich immer, jetzt müßte ich mich hinsetzen und das Buch neu schreiben. Das tut man natürlich nicht. Das kann man gar nicht. Das paßt nicht in das Gewerbe. Aber diese selbstkritische Idee ist durchaus vorhanden. Nur möchte ich diese Kritik, die ich selbst an mein Buch wende, also an mich, die möchte ich ungern bei einem Kritiker lesen.

Warum nicht? Ein bekannter deutscher Schriftsteller hat mir mal gesagt: »Wer mein Freund ist und mir etwas zu sagen hat zu meinem Buch, der wird es mir brieflich und nicht in aller Öffentlichkeit mitteilen. Ich wünsche nicht, öffentlich belehrt zu werden.«

Ich stimme dem nicht zu. Ich gebe jedem Kritiker das Recht zu sagen, ob ihm mein Buch gefällt oder nicht, oder ob er etwas zu beanstanden hat oder nicht. Wenn aber der Kritiker, wer immer es auch sei, schreibt, ich hätte das Buch anders schreiben müssen, dann nehme ich das nicht an. Das beschäftigt mich auch gar nicht.

Allem Anschein nach halten Sie die Kritik als Institution für nötig und wichtig. Aber Sie sind an der Kritik Ihrer Bücher letztlich nicht interessiert?

Extrem ausgedrückt, stimmt das.

*Es ist Ihnen eigentlich mehr oder weniger gleichgül-
tig, was die Leute schreiben. Es mag nur dem Absatz
Ihrer Bücher nicht schaden.*

Selbst bis zu diesem Gedanken gehe ich nicht. Es
mag eine Tatsache sein, daß eine Kritik dem Verkauf
meiner Bücher schadet. Darüber denke ich nicht
nach.

*Kann man sagen: Wenn ein Schriftsteller sich von
einem Kritiker erziehen läßt, dann lohnt es sich gar
nicht, zu erziehen? Es gibt von Ihnen eine Äußerung
über die Sekundärliteratur. Ich weiß nicht, ob Sie
damit die Kritik meinten oder literaturwissenschaft-
liche Arbeiten? Der Satz von Ihnen lautet: »Die
Sekundärliteratur lebt vom Mißverständnis und der
Eitelkeit ihrer Schreiber.«*

Das möchte ich auch jetzt noch unterschreiben.

Was meinen Sie mit Sekundärliteratur, die Kritik?

Nein, weniger die Kritik als die große Anzahl von
Philologen und Germanisten, die Dissertationen
und große Bücher über einen Schriftsteller schreiben und ihn eigentlich überhaupt nicht verstehen.

Darf man so pauschal urteilen?

Nein, das darf man nicht. Ich urteile auch nicht pauschal. Es ist ein ehrenwertes Bemühen. Aber der

Betroffene kann denken wie bei manchen Fotografien: Das bin ich ja nicht.

Vielleicht hat das damit zu tun, daß diese Bücher Doktorarbeiten sind und die Arbeiten lediglich beweisen sollen, daß jemand wissenschaftlich mit Texten umgehen kann.

Ja, sie sollen zu einem Doktortitel verhelfen.

Es geht hauptsächlich um Liebe

Man hat Ihnen vorgeworfen oder hat Ihnen nachgerühmt, beides – ich gehöre zu denen, die es Ihnen nachgerühmt haben –, daß in Ihren Büchern, vor allem in den drei Romanen der fünfziger Jahre, sexuelle Motive eine enorme Rolle spielen. Wären die Bücher heute geschrieben, würde das wahrscheinlich gar nicht so auffallen. Aber vor dem Hintergrund der Literatur, wie sie vor 30, 35 Jahren war, fiel das sofort auf. Sie behandeln sehr verschiedene Möglichkeiten der menschlichen Sexualität: heterosexuelle Motive, homosexuelle, lesbische Liebe, Onanie, alle möglichen Phänomene.

Ich hätte gern von Ihnen ein paar Worte zu diesem Thema in Ihrem Werk gehört, denn das ist ja einer Ihrer großen Verdienste, daß Sie diesen Lebensbereich in die Literatur hineingezogen haben.

Ich finde es selbstverständlich, daß man diesen Lebensbereich hineinzieht und einen Menschen oder eine Romanfigur, die ja ein Mensch sein soll, auch mit diesen Dingen schmückt oder belastet. Ich selbst habe dazu die Auffassung, die wahrscheinlich in diesen Büchern und diesen Stellen vorkommt, daß Sexualität – in welcher Form auch immer – nichts Verwerfliches, nichts zu Schmähendes ist, sondern etwas Vorhandenes, was schön sein und das Leben, die Lebenslust bereichern kann.

Gibt es bei der Behandlung sexueller Motive in Ihrem Werk auch Vorbilder? Henry Miller oder dergleichen?

Nein. Ich glaube zum Beispiel, daß ich mich durchaus von Henry Miller unterscheide. Bei mir geht es nicht, möchte ich sagen, um die direkte Sexualität. Es geht hauptsächlich um Liebe, vielleicht um eine kranke Liebe, die dann für den Begehrten, den krankhaft Begehrten vielleicht als eine aggressive Forderung nach Sexualität aufgefaßt werden kann. Es ist Liebe, und es ist vielleicht auch ein übertriebener Hang zur Ästhetik. Ein Liebesobjekt muß bei mir außerordentlich ästhetisch befriedigend sein.

Ihre Prosa ist in hohem Maße musikalisch. Das weiß jeder. Wie schaut Ihr Verhältnis zur Musik aus?

Mein Verhältnis zur Musik ist gestört, möchte ich sagen, und zwar von früher Jugend an. Bei diesem besagten Onkel, bei dem ich lebte, wurde Musik als Lärm angesehen. Es gab da keine Musik. Als ich als Kind einmal zu Weihnachten eine Mandoline geschenkt bekam und im Nebenzimmer versuchte, darauf zu spielen, erkundigte er sich sofort, woher dieses unangenehme Geräusch käme. Vielleicht hatte er damit auch recht.

Ich habe mich später dann doch für Musik interessiert. Es gibt Musik, die ich mag, und Musik, die ich nicht mag oder die mich nicht berührt. Ich mag zum Beispiel die protestantische Kirchenmusik, Bach, Buxtehude, soweit sie von einer Orgel in der Kirche gespielt wird. Und dann mag ich die ganz moderne Musik, vom Jazz bis zur Musik von Webern.

Wie schaut Ihr Verhältnis zur literarischen Gattung der Oper aus?

Die Oper interessiert mich. Ich sehe sie gern, wenn sie nach meiner Vorstellung oder meinem Vergnügen inszeniert worden ist. Zu konservativen oder altmodischen Operninszenierungen habe ich gar kein Verhältnis. Aber Inszenierungen von Wagner, wie sie in Bayreuth aufgeführt worden sind und die die alten Bayreuth-Besucher so geärgert haben, diese Inszenierungen haben mir gefallen.

Sie haben gelegentlich auch über Opern geschrieben?

Ja. Ich habe in der Zeitschrift »Melos«, die in den Jahren 1930 bis 1933 eine führende deutsche Musikzeitschrift war, geschrieben, zum Beispiel über den Freischütz, in einer Inszenierung von Arthur Maria Rabenalt. Die habe ich sehr kritisiert, was Herbert Jhering sehr geärgert hat. Er fand, ich tendierte da plötzlich, was er von mir nicht erwartet hatte, zur Romantik hin.

Ich bin nicht gottlos

Es fällt mir auf, daß in unseren Gesprächen von Philosophie überhaupt nicht die Rede ist. Ich bin nicht ganz sicher, ob man sagen kann, daß Sie ein so sinnlicher Schriftsteller seien, daß Ihnen die Philosophie als etwas Abstraktes ein wenig fremd ist. Wäre das falsch?

Es wäre falsch. Es ist falsch.

Was in der Philosophie hat für Sie, für Ihr Leben und Ihr Werk eine Rolle gespielt?

Ich muß da in meine frühe Jugend zurückgehen. In Greifswald, noch auf der Schule, kam ich auf die vermessene Idee, Griechisch zu lernen. Dort hatte ich einen vorzüglichen Lehrer, der ein persönliches Interesse an mir nahm. Wir haben viel Zeit mit Griechisch verbracht. Er war der, der las, der vortrug. Ich war der, der zuhörte.

Ich bin aber dann doch auf die Schleiermacher-
schen Übersetzungen zurückgekommen, weil mein
Griechisch nicht so weit ging, daß ich die Original-
texte wirklich mit Verständnis hätte lesen können.
Das blieb. Ich habe später sehr viel Philosophie gelesen.

*Was hat einen besonderen Eindruck auf Sie ge-
macht? Hat etwas nachgewirkt?*

Ja, vor allem die alten Griechen, auch in ihren Über-
tragungen, zum Beispiel die poetischen Übersetzungen von Hölderlin. Dies war für mich wichtig und
von großer Bedeutung. Das habe ich bis heute nicht
verloren. Auch in meiner Literatur, meinem eigenen
Schreiben greife ich manchmal auf die Antike, die
mir sehr viel bedeutet hat, zurück.

*Auf Ihre Generation hat doch Nietzsche einen enor-
men Eindruck gemacht.*

Nietzsche hat enorm gewirkt, vor allem auf die
Generation vor mir. Die war von Nietzsche verblüfft
und zum Teil entzückt oder erregt. Ich habe Nietzsche gelesen, ich habe Schopenhauer gelesen. Schopenhauer hat mich fast mehr interessiert als Nietzsche. Ich hatte, sagen wir mal, ohne daß es größen-
wahnsinnig klingt, ein Gefühl der Verbindung zu
Schopenhauer, mehr als zu Nietzsche. Außerdem
habe ich viel gelesen, was in meinem Jahrhundert
erschienen ist, Edmund Husserl zum Beispiel und
Karl Jaspers.

Von der Philosophie ist es kein gar zu großer Schritt zur Religion. Von Ihnen stammt ein Satz, vielleicht erinnern Sie sich noch daran: »Ich bin nicht gottlos.« Mich hat der Satz ein wenig verblüfft. Könnte ich Sie um einen Kommentar in dieser Sache bitten?

Einen Kommentar dazu abzugeben, ist sehr schwer. Ich stehe, und das habe ich auch mal irgendwo veröffentlicht, oder ich bilde es mir ein, in einem freundlichen Verhältnis zu Gott. Ich glaube eher an die Schöpfung, wie sie in der Bibel beschrieben ist, oder sagen wir es anders: Es ist mir lieber, in einen Schöpfungsprozeß geraten zu sein, als das Produkt eines Urknalls zu sein. Ich hänge einer göttlichen Schöpfung an.

Ist es zynisch oder ist es falsch, wenn ich Ihre Worte dahingehend verstehe, daß Ihnen eine literarische Deutung der Welt lieber ist als eine naturwissenschaftliche?

Absolut richtig, und dies dehnt sich nicht nur auf den christlich-jüdischen Gedanken von der Schöpfung aus. Auch was über das Entstehen der Erde und des Menschen von, sagen wir, buddhistischer Seite gesagt wird, wäre mir lieber als eine rein wissenschaftliche Deutung.

Glücksmomente
und Enttäuschungen

Was ist Glück für Sie?

Das, muß ich ja eigentlich sagen wie wahrscheinlich jeder Mensch, das weiß ich nicht. Aber es gibt Momente, in denen man glücklich ist. Ich möchte da sogar weitergehen als Goethe, der gesagt hat, er sei keine zwei Minuten in seinem Leben glücklich gewesen.

Wann waren Sie glücklich?

Nie.

Und doch haben Sie gesagt: Es gab Momente.

Ja, es gab Momente, aber die waren so, daß sie nicht im Gedächtnis geblieben sind. Ich weiß es nicht mehr.

Vielleicht im Zusammenhang mit einer anderen Person?

Nein, das nicht.

Können Augenblicke der Rezeption künstlerischer Werke für Sie mit einem Glücksgefühl verbunden sein?

Wahrscheinlich die einzige Möglichkeit für mich, überhaupt zu einem Glücksgefühl zu kommen. Aber auch irgend etwas Schönes kann es sein: Der Anblick eines schönen Pferdes, eines schönen Mädchens, eines Sonnenunterganges oder eines Mondaufganges. Ich habe solche Empfindungen sogar, wenn man vom Künstlerischen sprechen wollte, bei einigen Bildern von Caspar David Friedrich.

Ihr Glücksgefühl, von dem Sie reden, ist immer ästhetischer Art?

Ja, es ist ästhetischer Art, zum großen Teil.

Sie haben kein anderes Glück im Leben als dies der ästhetischen Rezeption gekannt?

Ich muß es wohl zugeben.

Liebe?

Liebe ist bei mir auch in diesem Sinne zu verstehen. Natürlich kann man mit der Geliebten diese ästhetische Voraussetzung vergessen. Aber sie war als Voraussetzung da, um überhaupt lieben zu können.

Sie sind ein Schriftsteller, der die Abhängigkeit des Individuums von körperlichen Elementen immer wieder dargestellt hat. Ich meine damit das Sexuelle in allen seinen Varianten, aber nicht nur das Sexu-

elle. Sie sind ein Schriftsteller, der einen Drogensüchtigen darzustellen wußte, der die Abhängigkeit vom Alkohol dargestellt hat, ich möchte fast sagen, nichts Menschliches war und ist Ihrer Prosa fremd. Man hat von Shakespeare gesagt, er hätte nie den dritten »Richard« schreiben können, wenn er nicht auch in sich einen solchen Teufel gespürt hätte. Alle diese Elemente müssen in Ihrem Leben in einem gewissen Sinn doch auch gewesen sein. Können Sie uns etwas über Ihr Verhältnis zu Ihrem Körper und allem, was sich daraus ergibt, sagen?

Das ist eine sehr schwere Frage.

Haben Sie zum Beispiel in Ihrem Leben Drogen kennengelernt?

Nein. Nie. Ich habe ein einziges Mal Hasch genommen vor vielen, vielen Jahren, weil mir Klaus Mann etwas angeboten hatte. Ich hatte etwas komische Gefühle, mehr nicht, und auch kein Verlangen, dies fortzusetzen.

Das ist sehr merkwürdig.

Überhaupt nicht.

Wenn Sie überhaupt in Ihre gefährliche Zone gleiten, ist auch das literarisch?

Ja, es war ein literarisches Erlebnis, daß mir Klaus Mann Haschisch gegeben hat. Hätte mir das irgend-

184

ein Mädchen in irgendeiner Kneipe gegeben, dann wäre es gar nicht so sehr in meiner Erinnerung geblieben. Wahrscheinlich hätte ich es gar nicht genommen.

Flaubert hat einen Satz gesagt, der mich berührt und den ich irgendwie treffend fand: »Ein Schriftsteller hat sich entwickelt und ist ein Schriftsteller geworden durch das Mädchen, das er nicht bekommen hat.«

Ich fürchte, was Sie eben gesagt haben, könnte man mißverstehen. Und ich sage es, damit Sie mich korrigieren: Daß die hohe Sinnlichkeit in Ihrem epischen Werk damit zu tun hat, was Ihnen das Leben verweigert hat, was Ihnen versagt geblieben ist.

Das ist unbedingt ein Antrieb für mein Schreiben. Ja, daß ich inzwischen erfolgreiche Versuche gemacht habe und sogar jahrelang Glück hatte, daß mir die erwiderte Liebe zuteil wird und daß sie mir zuteil geworden ist, das ist etwas anderes. Aber es hat dieses Gefühl nicht besiegt, daß mir etwas verweigert wird.

Sie haben im Endergebnis das Gefühl, im Leben im Bereich von Liebe und Sexualität zu kurz gekommen zu sein?

Wenn Sie mich jetzt fragen würden, könnte ich eine ganze Reihe von geliebten Personen nennen, die es für mich gegeben hat. Es war auch alles ganz schön

185

und gut. Aber in entscheidenden Situationen blieb ich allein.

Wie Friedrich in der »Unglücklichen Liebe«?

Ja, obwohl ich aus der Zeit, in der ich mit jemandem zusammenlebte, und zwar in der glücklichsten Weise, auch wieder das Gegenteil behaupten könnte. Aber diese Verwundungen der Absage habe ich nie ganz überwinden können.

Haben Sie in Ihrem Leben Männerfreundschaften kennengelernt?

Nein, das habe ich nicht. Ich habe schon von einem Lehrer gesprochen, der mir griechischen Unterricht gegeben hat. Dieser Lehrer war ein Päderast. Ich war damals 15 Jahre alt. Er erklärte mir ganz deutlich, was mir sehr einleuchtete, daß ein großer Unterschied zwischen einem Päderasten und einem Homosexuellen bestehe. Er war keine Spur homosexuell. Er liebte Knaben in einer ästhetischen Weise, weil er Knaben schön fand...

Also auf einer eher erotischen als sexuellen Ebene...

Auf einer absolut erotischen und nicht sexuellen Ebene. Er wäre entrüstet gewesen, wenn man ihm vorgeworfen hätte, er hätte einen Knaben körperlich »benutzen« wollen. Das war nicht der Fall.

Andererseits war ich selbst auch empfänglich dafür in späteren Jahren, wenn ich die Bekanntschaft eines schönen Knaben machte, den irgendwie als schön zu verehren. Das war durchaus der Fall. Aber das ist auch alles. Homosexuell in dem Sinne, wie das heute verstanden wird, war ich nie und habe auch kein Verlangen danach gehabt.

Jeder denkende Mensch denkt an den Tod, und je älter er wird, wahrscheinlich desto häufiger. Gibt es Tage in Ihrem Leben, an denen Sie nicht an den Tod denken?

Kaum. Ich weiß es nicht. Aber ich könnte sagen, ohne viel zu übertreiben, daß ich jeden Tag in irgendeiner Weise an den Tod denke.

Aber der Tod lastet nicht als Schatten auf Ihrem Dasein?

Nein, absolut nicht, nicht als Schatten und auch nicht als Angst.

Weder vor dem Sterben noch vor der Nichtexistenz?

Vor der Nichtexistenz eher. Darüber habe ich mal etwas geschrieben. Die Nichtexistenz oder – wie ich mich ausgedrückt habe – eine Existenz als toter, aber irgendwie wahrnehmbarer Stein, das ist etwas, was mich schreckt, furchtbar schreckt. Sonst nichts. Ich glaube einerseits, mit dem Tod ist alles aus. Andererseits glaube ich, es kann auch eine ganz fürchterliche Existenz nach dem Tod eintreten, die mit der religiösen Lehre von Hölle, Paradies allerdings nichts zu tun hat. An ein Paradies glaube ich nicht.

Ihr Leben war voll von Enttäuschungen. Was war die größte Enttäuschung Ihres Lebens?

Das kann ich nicht sagen. Es ist so voll von Enttäuschungen, daß ich mich daran gewöhnt habe. Ich lebe mit diesen Enttäuschungen und kann damit leben, heute.

Wenn Sie auf Ihr Leben zurückblicken: Welches war die größte Leistung Ihres Lebens?

Die größte Leistung war, daß ich das »Dritte Reich« überlebt habe.

Sie wollen wohl sagen, überlebt haben, ohne sich zu beschmutzen?

Ja, ohne mich zu beschmutzen. Das möchte ich betonen. Ich habe mich nicht beschmutzt.

Das war wahrlich eine große Leistung.

Es war eine Leistung, auf die ich irgendwie stolz bin.

Anhang

Anmerkungen zum Gespräch

1 Jakob Michael Reinhold Lenz (1751–1792), Dichter des
   Sturm und Drang, lernte 1771 in Straßburg Goethe kennen.
   1776 ging er, auf die Hilfe Goethes hoffend, nach Weimar.
   Sein exzentrisches Wesen machte ihn jedoch bei Hofe unbe-
   liebt. Seine Eltern holten ihn aus Weimar weg, nachdem
   sich erste Anzeichen von geistiger Störung bemerkbar
   machten. Er führte seit 1781 ein unstetes Wanderleben in
   Rußland und starb in größtem Elend in Moskau.
   Lenz galt um 1775 neben Goethe als der zweite deutsche
   Shakespeare.

2 Fritz von Unruh (1885–1970), Schriftsteller, wurde durch
   das Erlebnis des Ersten Weltkrieges zum Pazifisten, emigrierte 1932, lebte seit 1952 meist wieder in Deutschland.
   Sein Drama »Ein Geschlecht«; zweiter Teil »Platz« gilt als
   ein Hauptwerk des Expressionismus.
   Er erhielt 1914 den Kleist-Preis.

3 Erwin Piscator (1893–1966), Regisseur und Theaterleiter,
   gründete 1920 in Berlin das Proletarische Theater und 1927
   zusammen mit Traugott Müller die Piscator-Bühne; ein
   Bühnensystem mit mehrgeschossiger Spielfläche, Foto- und
   Filmprojektionen. Piscator lebte von 1931 bis 1936 in der
   UdSSR, anschließend bis 1939 in Paris. 1939 emigrierte er in
   die USA, kam 1951 nach Deutschland zurück. An der Freien
   Volksbühne in Berlin brachte er unter anderem Stücke von
   P. Weiss, R. Hochhuth und H. Kipphardt heraus.

4 Walter Mehring (1896–1981), Schriftsteller und Journalist,
   schrieb Lyrik, Hörspiele, Kabarettexte, unter anderem für
   Max Reinhardts »Schall und Rauch«. Er emigrierte 1933
   nach Frankreich und Österreich, 1941 in die USA, kehrte
   1953 nach Europa zurück.

5 Ernst Toller (1893–1939), Schriftsteller, schrieb Reden, Essays, Manifeste, Lyrik und Dramen. Er engagierte sich politisch für eine pazifistische und humanistisch-sozialistische Weltordnung.

6 KaDeWe, Kaufhaus des Westens, in Berlin.

7 Egon Erwin Kisch (1885–1948), tschechischer Schriftsteller und Journalist, schrieb in deutscher Sprache, arbeitete als Reporter in Prag, Wien und Berlin. Er erhob die Reportage zu literarischer Form. Kisch emigrierte 1939 in die USA und nach Mexiko, kehrte 1946 nach Prag zurück.

8 Alfred Redl (1864–1913), österreichisch-ungarischer Oberst im Nachrichtendienst des Generalstabs, wurde wegen homosexueller Neigungen zu Spionagediensten für Rußland erpreßt, beging Selbstmord.

9 Emil Orlik (1870–1932), Maler und Grafiker: Zeichnungen, Gemälde, Holzschnitte, Radierungen, entwarf Theaterdekorationen und Theaterkostüme.

10 Arnolt Bronnen (1895–1959), gehörte mit B. Brecht zur Gruppe der expressionistischen Bühnenavantgarde. Sein Stück »Vatermord« löste 1920 einen Theaterskandal aus. Später wechselte Bronnen zeitweise zur extremen Rechten, war Dramaturg bei der UFA und der Reichsrundfunkgesellschaft, bekam jedoch 1937 Berufsverbot. Zuletzt arbeitete er als Theaterkritiker in Ost-Berlin.

11 Alfred Döblin (1878–1957), Schriftsteller, Nervenarzt in Berlin, emigrierte 1933 nach Frankreich, kehrte 1945 nach Deutschland zurück. Er war Mitbegründer der expressionistischen Zeitschrift »Der Sturm« (1910).

12 Gottfried Benn (1886–1956), Dichter, lebte als Facharzt für Haut- und Geschlechtskrankheiten in Berlin, ging 1935 als Arzt in den Militärdienst.
In seinen expressionistischen Dichtungen zeigt er eine Welt, die von Krankheit und Verwesung gekennzeichnet ist. Benn erhielt 1938 Schreibverbot und wurde aus der Akademie der Künste und der Reichsschrifttumskammer ausgeschlossen.

13 Leonhard Frank (1882–1961), Schriftsteller, Pazifist, lebte von 1933 bis 1950 als Emigrant in der Schweiz, in Frankreich und den USA. 1952 erschienen seine Lebenserinnerungen unter dem Titel »Links, wo das Herz ist«.

14 Joseph Roth (1894–1939), glänzender Essayist und Prosaist, lebte bis 1933 als Journalist meist in Deutschland, emigrierte dann über Österreich nach Frankreich. Seine Romane spielen meist in österreichischen Offiziers- und Beamtenkreisen und sind von Trauer über den Untergang der Donaumonarchie beherrscht.

15 Lotte Lenya (1898–1981), österreichisch-amerikanische Schauspielerin, heiratete den Musiker Kurt Weill, dessen Lieder sie in ihren Brecht-Rollen sang. Sie emigrierte 1933 mit Weill über Frankreich in die USA. Seit ihrer Rückkehr 1955 war sie wesentlich an der Wiederaufführung der Werke K. Weills und B. Brechts beteiligt.

16 Valeska Gert (1892–1978), Tänzerin, Pantomimin, Kabarettistin, Schülerin von Maria Moissi, gastierte in den zwanziger Jahren mit Grotesktänzen. Sie emigrierte 1938 nach New York, spielte in Filmen von Fellini »Julia und die Geister« und Schlöndorff »Der Fangschuß«. In Kampen auf Sylt eröffnete Valeska Gert 1951 das Kabarett-Lokal »Ziegenstall«.

17 Herbert Jhering (1888–1977), Publizist, Theaterkritiker, Dramaturg und Regisseur, von 1918 bis 1933 Feuilletonchef des »Berliner Börsen-Couriers«, der 1868 gegründeten, im kulturellen und wirtschaftlichen Leben der zwanziger und dreißiger Jahre einflußreichen liberalen Zeitung. Von 1945 bis 1954 war Jhering Chefdramaturg des Deutschen Theaters in Ost-Berlin.

18 Alfred Kerr (1867–1948), einflußreicher Kritiker und Essayist, schrieb für Zeitungen wie »Tag«, »Neue Rundschau«, »Berliner Tageblatt«, »Pan«, emigrierte 1933 über Prag, Lugano und Paris nach London. Seine Tochter Judith beschrieb diese Emigration in ihrem Jugendbuch »Als Hitler das rosa Kaninchen stahl«, das 1971 erschienen ist.

19 Karl Korn (1908–1991), Publizist, Redakteur beim »Berliner Tageblatt«, bei der »Neuen Rundschau« und ab 1940 bis zur

Entlassung bei der Wochenzeitung »Das Reich«. Er war Mitherausgeber und Kulturchef der »Frankfurter Allgemeinen Zeitung« (1949–1973).

20 Nationalistische Wochenzeitung (1940–1945), die zuletzt eine Auflage von 1,4 Millionen erreichte.

21 Max Tau (1897–1976), Schriftsteller und Cheflektor des Verlages von Bruno Cassirer, emigrierte 1938 nach Norwegen. Er erhielt 1950 als erster Preisträger den Friedenspreis des Deutschen Buchhandels.

22 Bruno Cassirer (1872–1941), bedeutender Verleger in Berlin. Er ging 1939 nach England und gründete in London den Verlag Bruno Cassirer Publishers.

23 Marcel Proust (1871–1922), französischer Schriftsteller, zog sich wegen eines schweren Asthmaleidens aus dem gesellschaftlichen Leben zurück. In seinem Hauptwerk, dem siebenteiligen Roman »Auf der Suche nach der verlorenen Zeit« beschreibt er die Aristokratie und hochbürgerliche Gesellschaft. Der revolutionäre Gehalt liegt in einer ganz neuartigen Erfassung der Wirklichkeit. Der Einfluß Prousts auf die moderne Literatur beruht unter anderem auf einer neuen Eindringlichkeit in der Darstellung sinnlicher Details und komplizierter seelischer Feinheiten.

24 Erich Engel (1891–1966), Regisseur, inszenierte bis 1928 die Uraufführungen fast aller Stücke von B. Brecht, leitete von 1945 bis 1950 die Münchner Kammerspiele und führte Regie auch in Filmen.

25 Paul Verhoeven (1901–1975), Schauspieler, Regisseur, Theaterleiter und Filmproduzent, war Intendant mehrerer Bühnen (Deutsches Theater, Theater am Schiffbauerdamm, Theater Unter den Linden, Bayerisches Staatsschauspiel, Münchner Kammerspiele). Seit 1950 arbeitete er auch für Film und Fernsehen.

26 Ernst von Salomon (1902–1972), Schriftsteller, schrieb unter anderem Werke wie »Die Geächteten« (1930), »Der Fragebogen« (1951). Er nahm 1921 an den Freikorpskämpfen und am Kapp-Putsch teil, wurde wegen Beihilfe an der Ermor-

dung Walther Rathenaus zu fünf Jahren Zuchthaus verurteilt.

27 Walther Rathenau (1867–1922, ermordet), Industrieller und Politiker, wurde als Außenminister der Weimarer Republik von nationalistischen und antisemitischen Kreisen bekämpft, insbesondere nach dem Vertrag von Rapallo, der die Reparationsfragen zwischen Deutschland und der Sowjetunion regeln sollte.

28 Horst Lange (1904–1971), Schriftsteller, arbeitete seit 1931 als Journalist in Berlin, schloß sich dem expressionistischen Kreis um die Zeitschrift »Die Kolonne« an. Er war mit der Lyrikerin Oda Schaefer verheiratet.

29 Hans Schweikart (1895–1975), Regisseur, war von 1918 bis 1923 an Max Reinhardts Deutschem Theater tätig, arbeitete von 1923 bis 1929 an den Münchner Kammerspielen unter Otto Falckenberg und war von 1947 bis 1963 Intendant der Münchner Kammerspiele. Er schrieb die Komödien »Lauter Lügen« (1937) und »Ich brauche dich« (1942).

30 Wolfgang Staudte (1906–1984), Filmregisseur. Zu seinen bekanntesten Filmen gehören »Die Mörder sind unter uns« (1946), »Der Untertan« (1951), »Rosen für den Staatsanwalt« (1959).

31 Ferdinand Marian (1902–1946), österreichischer Schauspieler, spielte 1940 den Jud Süß in Veit Harlans Propagandafilm »Jud Süß«.

32 Veit Harlan (1899–1964), Filmregisseur, drehte 1940 den Film »Jud Süß« und andere Filme im Dienst der Nazi-Propaganda.

33 Heinz Hilpert (1890–1967), Regisseur und Theaterleiter, wurde 1926 von Max Reinhardt als Oberspielleiter an das Deutsche Theater berufen, dessen Leitung er 1934 übernahm. 1938 wurde er zusätzlich Leiter der Wiener Reinhardt-Bühne. In Frankfurt war er 1947 Chefintendant, 1948 gründete er in Konstanz sein Deutsches Theater.

34 Maria Byk (1906–1949), Schauspielerin, verheiratet mit dem Schauspieler und Jüd-Süß-Darsteller Ferdinand Marian.

35 Henry Goverts (1892–1988), Verleger, gründete 1934 zusammen mit Eugen Claassen einen Verlag, in dem unter anderem Marie-Luise Kaschnitz, Ernst Schnabel, Dolf Sternberger, Alexander Mitscherlich, Alfred Weber veröffentlicht wurden. Goverts gehörte zum Kreisauer Kreis und mußte nach Vaduz flüchten. Nach dem Krieg gründete er erneut verschiedene Verlage, in denen Autoren wie Härtling, Koeppen, Kluge, Faulkner und andere publizierten.

36 Die Gruppe 47 war eine 1947 entstandene Vereinigung von Schriftstellern und Kritikern, Kristallisationselement der deutschen Nachkriegsliteratur.

37 PEN-Club – PEN ist die Abkürzung von »Poets, Essayists, Novelists«, eine 1921 gegründete internationale Schriftstellervereinigung, deren Charta sich für gegenseitige Achtung, Freiheit des Wortes und Frieden einsetzt.

38 William Faulkner (1897–1962), Erzähler, verbindet in seinem Werk krassen Realismus mit sozialkritischer Haltung. Grotesk-surrealistische Szenen und durch Volkswitz geprägte Dialoge gehören zu seinem unverwechselbaren Stil. In der Nachfolge von James Joyce handhabe Faulkner alle Stilmittel des modernen Romans. Er erhielt 1949 den Nobelpreis für Literatur.

39 Alfred Andersch (1914–1980), Schriftsteller, wurde mit 18 Jahren Organisationsleiter des Kommunistischen Jugendverbandes von Südbayern, 1933 war er drei Monate im Konzentrationslager Dachau inhaftiert, desertierte 1944 an der Italienfront. Nach 1945 gab Andersch die Zeitschriften »Der Ruf« und »Texte und Zeichen« heraus, arbeitete seit 1948 beim Rundfunk (Hörspiele und Features). Bereits in seinem ersten Erzähltext, dem autobiographischen Bericht »Die Kirschen der Freiheit«, wählte er das Thema Flucht, das das Zentralmotiv seiner Werke geblieben ist: »Flucht in allen Formen ihrer Erscheinung, von der Abreise bis zur Desertierung«, aber niemals ›Flucht aus der Welt‹«.

Wolfgang Koeppen:
Lieferbare Bücher (Auswahl)

Amerikafahrt. Frankfurt am Main, Suhrkamp 1982

Das Treibhaus. Frankfurt am Main, Suhrkamp 1980

Der Tod in Rom. Frankfurt am Main, Suhrkamp 1986

Die elenden Skribenten. Hrsg. v. Marcel Reich-Ranicki.
    Frankfurt am Main, Suhrkamp 1984

Die Mauer schwankt. Frankfurt am Main, Suhrkamp 1986

Eine unglückliche Liebe. Frankfurt am Main, Suhrkamp 1991

Es war einmal in Masuren. Frankfurt am Main,
    Suhrkamp 1991

Ich bin gern in Venedig warum. Frankfurt am Main,
    Suhrkamp 1994

Jugend. Frankfurt am Main, Suhrkamp 1976

Nach Rußland und anderswohin. Empfindsame Reise.
    Frankfurt am Main, Suhrkamp 1973

Reisen nach Frankreich. Frankfurt am Main, Suhrkamp 1979

Romanisches Café. Frankfurt am Main, Suhrkamp 1972

Tauben im Gras. Frankfurt am Main, Suhrkamp 1980

Über die Reihe
»Zeugen des Jahrhunderts«

Die Sendereihe »Zeugen des Jahrhunderts«, 1978 von Dieter
Stolte und Karl Schnelting ins ZDF-Programm gebracht, stellt
Persönlichkeiten vor, deren Lebensgeschichte zugleich Zeitgeschichte ist. Zeugen des Geschehenen: Frauen und Männer
unterschiedlicher Herkunft, unterschiedlicher Berufe und
unterschiedlicher Ansichten und Überzeugungen, denen eines
gemeinsam ist: ihre Ausdrucksfähigkeit in der deutschen Sprache und die Kraft, reflektierte Erfahrungen und Erinnerungen
mitzuteilen.

Mit den Gesprächsaufzeichnungen entstanden Bilder des
Lebens – voller Tragik oft, aber auch voller Komik. Und immer
voller Weisheit. Sehr persönlich erlebt und geschildert, sind die
Gespräche doch zu Dokumenten geworden, die das 20. Jahr-
hundert mit seinen Errungenschaften, aber auch mit seinen
Katastrophen, seinen Kriegen und seinen Verbrechen spiegeln.

Viele Zuschauer der Fernsehsendungen wünschen sich eine
gedruckte Fassung der Gespräche, und zwar in Verbindung mit
weiterführenden Informationen zu Leben und Werk der Zeugen. So entstand der Plan, über einzelne Zeugen eine Buchver-
öffentlichung herauszubringen, in der das aufgezeichnete Gespräch ein wesentlicher Teil des Buches ist, die Gesamtpublika-
tion jedoch über den bloßen Abdruck des Gesprächsverlaufs
hinausgeht. Herausgeber und Redaktion haben es übernommen, jeweils einen »Zeugen des Jahrhunderts« so vorzustellen,
daß jüngere Leser Erläuterungen zu Leben, Werk und Umfeld
vorfinden und älteren Lesern Erinnerung und Vergewisserung
ermöglicht wird.

Die Gesprächsmitschnitte für den Druck zu überarbeiten,
ließ sich vor allem von dem Grundsatz leiten, die charakteristi-
schen Eigenarten des Gesprächs, seinen Stil und die Atmo-
sphäre der Diktion zu erhalten. Lediglich die inhaltliche und
sprachliche Redundanz des frei gesprochenen Wortes wurde

gestrafft, um dem Leser ein zügiges und angenehmes Verfolgen der Erzählung möglich zu machen. Gleichwohl ist auch der gedruckten Fassung eines Gesprächs vor der Fernsehkamera anzumerken, daß es sich um mündliche Kommunikation handelte. Der Zeuge hat weder eine Monographie verfaßt, noch Memoiren geschrieben, sondern sich darauf eingelassen, sich des Mediums Fernsehen zu bedienen. Ein solches Gespräch steht gewissermaßen unter dem Zeichen des »Hier und jetzt im Fernsehen«. Das bedeutet unter anderem, daß Gedanken und Fragen dem ungeplanten Fluß des Gespräches folgen, manche systematisch oder geschichtlich »fällige« Frage nicht oder erst in einem anderen Zusammenhang gestellt wird, mancher Gedanke nur in dieser Situation so und nicht anders geäußert wird. In den Glücksmomenten solcher Gespräche findet der Zeuge aus dem Augenblick im Fernsehlicht eine Erinnerung, eine Perspektive oder eine Formulierung, eine neue Einsicht in die Zusammenhänge oder ein vergessenes Gefühl für sich selbst und die Zuschauer.

Daß für nicht wenige der Zeugen die freie Rede vor der Fernsehkamera ungewohnt war, wirkte sich im allgemeinen als Vorteil aus, da nicht die sonst oft übliche Medienroutine die Ursprünglichkeit der Rede verdarb.

Somit sind die Konzeption der Fernsehreihe und die Modalitäten der Aufzeichnung konstitutiv auch für die Buchreihe. Daß das gesamte Projekt »Zeugen des Jahrhunderts« für das Fernsehen der neunziger Jahre atypisch genannt werden muß – auch dies mag für das beständigere Medium Buch eher ein Vorteil sein.

Die Gespräche der Reihe sind keine schnellen Interviews mit vorformulierten Fragen und gestanzten Antworten, zum alsbaldigen Verbrauch bestimmt. Die Zeugen werden also nicht von einem »Talkmaster« vorgeführt und zur Schau gestellt; die egozentrische Selbstdarstellung des Interviewers ist ebenso störend wie die effekt- und beifallheischende Produktion von Bonmots und Kalauern.

Vielmehr lassen sich die Gesprächspartner aufeinander und auf die Möglichkeit eines zeitlich kaum beschränkten Gedan-

kenaustausches ein. Das Ideal ist nicht das journalistisch kon-
frontative Interview, sondern der integrative, nachdenkliche
und sympathetisch geführte Diskurs. Die wechselseitige Achtung, ja Sympathie, die geistige Wahlverwandtschaft der
Gesprächspartner ist erwünscht, weil erst ein Klima des Verste-
hens jene Gesprächskultur ermöglicht, die hier angestrebt
wird.

Die Gespräche fanden nicht in einem Fernsehstudio statt,
sondern in einem Raum, der für die private oder berufliche Existenz des Zeugen kennzeichnend ist.

Auf die Aussagekraft dieser Bilder vom »Ambiente« des Zeugen muß ein Buch ebenso verzichten wie auf die Aussagekraft
des Gesichtes mit seiner Mimik und seiner Geschichte. Es wäre
jedoch ein Mißverständnis, wollte man ein Gespräch im Fernsehen als »bebilderten Hörfunk« auffassen. Die Sprache der Bilder fügt dem gesprochenen Wort nicht nur etwas Entscheiden-
des hinzu, es verändert auch die Art des Sprechens. Wer sich
darauf verlassen kann, daß auch der Ausdruck des Gesichts und
die Körpersprache wahrgenommen werden, formuliert anders,
als wenn er sich nur auf seine Stimme und die Wörter stützen
kann. Dies darf bei der Lektüre der vorgelegten Buchausgaben
von »Zeugen des Jahrhunderts« nicht vergessen werden.

Die Fernsehaufzeichnungen, die von Maritta Fütterer be-
treut werden, umfassen jeweils mehr Material, als in die einzelne Fernsehsendung aufgenommen werden kann. Die zu-
meist auf 60 Minuten begrenzte Sendung folgt eigenen dramaturgischen Gesetzen. Die Buchausgabe stützt sich deshalb nicht
auf die Sendung, sondern auf die Aufzeichnung, also auf das
Gesamtmaterial des »elektronischen Archivs«, das im ZDF
angelegt wurde und für eventuelle weitere Sendungen verfüg-
bar bleibt.

Ingo Hermann

201

Miguel Angel Asturias

Miguel Angel Asturias: Sturm
Roman. Lamuv Taschenbuch 74. 16,80 DM / 131 öS / 17,80 sFr

»Sturm« ist der erste Roman aus Asturias' »Bananen-Trilogie«, für die der guatemaltekische Autor 1967 den Literaturnobelpreis erhielt. Schauplatz ist die ausgedehnte Plantage einer US-Fruit-Company in einer lateinamerikanischen Bananenrepublik. Ohne Rücksicht auf Natur und Umwelt, auf Leben und Eigentum der Bevölkerung setzt die Company ihre Interessen durch. Gegenpart des Unternehmens ist der US-Amerikaner Cosi alias Lester Mead, alias Stoner. Er selbst ist Aktionär der Company, versteht sich aber als Interessenvertreter der ausgebeuteten Bevölkerung.

Miguel Angel Asturius: Der grüne Papst
Roman. Lamuv Taschenbuch 89. 19,80 DM / 155 öS / 20,80 sFr

Wie wird Geo Maker Thompson, ehemals Pirat in karibischen Gewässern, zum Bananenmagnaten, zum gefürchteten und bewunderten »Grünen Papst«? Vor allem skrupellos muß er sein, muß sich im »Dickicht der Städte« (Brecht), an der Börse von Chicago und in den Wolkenkratzerbüros der Stadt, in denen über die Anteile an der Bananenproduktion und -vermarktung und damit über Krieg und Frieden in der südlichen Hälfte des Kontinents entschieden wird, ebenso durchsetzen können wie in der lateinamerikanischen Bananenrepublik, die er bald vollständig unter Kontrolle hat.

Miguel Angel Asturias: Die Augen der Begrabenen
Roman. Lamuv Taschenbuch 100. 29,80 DM / 233 öS / 30,80 sFr

Ein Generalstreik wird vorbereitet; der »Tag des Gerichts«, an dem der Diktator gestürzt werden soll, rückt näher. Hauptorganisatoren des Streiks sind Tabio San und Malena Tabay, seine Geliebte, die in einem Dorf in den Bergen als Lehrerin eine Schule aufgebaut hat. Wird der Streik erfolgreich sein? Wie werden sich die Militärs, die Arbeitslosen, die korrumpierte Mittelschicht verhalten?

Bücher aus dem Lamuv Verlag

Hilde Spiel: Die Grande Dame
Gespräch mit Anne Linsel
in der Reihe»Zeugen des Jahrhunderts«
herausgegeben von Ingo Hermann, Redaktion: Jürgen Voigt
18,00 DM / 141 öS / 19,00 sFr

Hilde Spiel wurde 1911 in Wien geboren. Sie wuchs im Milieu des assimilierten jüdischen Bildungsbürgertums auf. Nach der Matura studierte sie Philosophie bei Moritz Schlick und Karl Bühler und promovierte 1936. Während ihrer Studienzeit veröffentlichte sie ihre ersten literarischen Werke und verkehrte im Café Herrenhof, wo Schriftsteller und Künstler ein und aus gingen:»Eine Art Schule, man vervollkommnete seinen Geist, seine Formulierungsgabe im Gespräch«,»eine Art Akademie«. 1936, noch vor dem»Anschluß« Österreichs, emigrierte sie –»aus Abscheu und Abwehr gegen den Hahnenschwänzlerstaat« – nach England. Sie arbeitete als Journalistin und setzte ihre schriftstellerische Tätigkeit fort. Hier im Exil traf sie mit vielen anderen Emigranten, unter anderem Robert Neumann, Alfred Kerr, Berthold Viertel und Oskar Kokoschka, zusammen.
1946 zog sie es nach Berlin – eine Zeit des Neuanfangs, des Aufbruchs, der Hoffnungen auf ein neues Europa. Sie war als Theaterkritikerin tätig; ihr Haus wurde zum Treffpunkt für Intellektuelle und Künstler.
Danach hielt sie sich erneut mehrere Jahre in London auf. Erst 1963 kehrte sie nach Wien zurück. Anfang der achtziger Jahre residierte sie noch einmal als Korrespondentin der»Frankfurter Allgemeinen« für gut ein Jahr in London. Die »Grande Dame der österreichischen Literatur« (Neue Zürcher Zeitung) hat neben Romanen, Erzählungen, Essays, Feuilletons, Kritiken auch Übersetzungen, Dramen, Filmdrehbücher sowie historische Studien verfaßt. Ihr Lebensrückblick zeugt von der Vitalität eines Menschen, der den Wirren dieses Jahrhunderts ein schöpferisches Leben abgerungen hat. Sie starb am 30. November 1990.

Bücher aus dem Lamuv Verlag

Zeugen des Jahrhunderts

Marta Feuchtwanger: Leben mit Lion
Gespräch mit Reinhart Hoffmeister
in der Reihe »Zeugen des Jahrhunderts«
herausgegeben von Ingo Hermann, Redaktion: Jürgen Voigt
16,00 DM / 125 öS / 17,00 sFr

Marta Löffler lernte Lion Feuchtwanger 1910 in München kennen. Er war damals ein schlechtbezahlter Theaterkritiker. Als er 1958 starb, war er ein weltbekannter Schriftsteller. Marta hat ein erregendes, ja aufregendes Dasein an der Seite ihres hochkonzentrierten, eigenwilligen, empfindsamen, schwierigen und nicht immer ganz treuen Ehemannes gelebt. Mit trockenem Humor und nicht ohne Eitelkeit erzählt sie von ihrem Leben mit Lion: von zwei Weltkriegen, Revolutionen, Jahren der Armut und der großen Triumphe, von Verfolgungen und Emigrationsnot... von Freunden wie Heinrich und Thomas Mann, Max Reinhardt, Arnold Zweig, Charlie Chaplin, Bertolt Brecht...

Was diese faszinierende Frau, die 97 Jahre alt werden sollte, erzählt, nennt Marcel Reich-Ranicki »ein Kulturdokument hohen Ranges«.

»Selten erzählen Dichterwitwen und Literatengattinnen so freimütig und respektlos, so offen und heiter von ihrem ganz privaten Schicksal. Bewunderungswürdig, mit welchen Mut die höhere Tochter Marta immer wieder in die Hände spuckt und neu angefangen hat. Mit und ohne Geld, bewundert und angefeindet: Die ›schöne Frau, die so ägyptisch aussieht‹ (Thomas Mann) hatte etwas zu bedeuten.« (Verena Harksen in: Buch-Journal)

»Martas Storys vom Leben der literarischen Emigranten sind komisch und traurig zugleich. Ein amüsantes Buch voller Liebe, Klatsch und klugen Leuten.« (Brigitte)

Bücher aus dem Lamuv Verlag

Zeugen des Jahrhunderts

Gottfried Reinhardt: Hollywood, Hollywood
Gespräch mit Elke Wendt-Kummer
in der Reihe »Zeugen des Jahrhunderts«
herausgegeben von Ingo Hermann, Redaktion: Jürgen Voigt
18,00 DM / 141 öS / 19,00 sFr
Aus einer Studienreise nach Amerika wurde für den 19jährigen
Philosophiestudenten und Halbjuden unverhofft ein langjäh-
riges Exil. In New York hörte Gottfried Reinhardt vom Reichstagsbrand und wußte, daß er nicht würde zurückkehren
können. Der Sohn des berühmten »Theaterzauberers« Max
Reinhardt machte bald darauf in Hollywood eine steile Karriere als Produzent und Regisseur.
Von 1940 bis 1954 arbeitete er für Metro-Goldwyn-Mayer und
wurde zum Bindeglied zwischen dem Hollywood-Establish-
ment und denjenigen europäischen Intellektuellen, die sich in
Kalifornien im Exil befanden.
Nicht ohne Humor erzählt er, wie Hollywood funktionierte
und wie es sich dort in der Emigration lebte. Er berichtet aber
auch Neues und Unbekanntes von seinem Vater und schildert
die ungewöhnliche Situation von Kindern großer Väter. »Ich
habe keinerlei Hemmungen, mich über meinen Vater auszulas-
sen. Ich begrüße jegliche Neugierde, das Werk, die Persönlichkeit, den Stempel betreffend, den er seiner Zeit aufgedrückt
hat. Ich habe meinen Vater – keineswegs kritiklos – geliebt und
glaube, ihn verstanden zu haben. Doch hieraus zu schließen,
diese Leidenschaft und Expertise hätten mein Leben
bestimmt, wäre irrig.«
Gottfried Reinhardt verkörpert die Verbindung verschiedener
Welten. Über das Berlin der Weimarer Republik, in dem er als
Kind aufwuchs, weiß er genauso lebendig und fesselnd zu
erzählen wie über die vielen Facetten seines Lebens: »Da ist
die Politik, die gesamte Kunst des Jahrhunderts, die Wissen-
schaft, der Film, die Emigration, Berlin, die Einbürgerung in
der neuen Welt, das Wiedersehen mit der alten, das Problem,
Halbjude zu sein...«

Bücher aus dem Lamuv Verlag

Zeugen des Jahrhunderts

Hans Jonas: Erkenntnis und Verantwortung
Gespräch mit Ingo Hermann
in der Reihe»Zeugen des Jahrhunderts«
herausgegeben von Ingo Hermann, Redaktion: Jürgen Voigt
18,00 DM / 141 öS / 19,00 sFr

Hans Jonas wurde 1903 in Mönchengladbach geboren. Er emigrierte dreißig Jahre später aus Nazi-Deutschland. Seine nächsten Verwandten kamen in Konzentrationslagern um. Deshalb hatte er sich geschworen, nach Deutschland nicht wieder zurückzukehren, es sei denn, als Soldat einer erobernden Armee.
Hans Jonas erzählt vom bürgerlich-jüdischen Milieu am Niederrhein, in dem er aufgewachsen ist, vom Studium in Freiburg, Berlin und Marburg, von seinem Leben in Palästina und wie er mit britischem Paß in einer jüdischen Brigade nach Deutschland zurückkam, von seiner Zeit in Kanada und den USA – von den Fragen, die ihn bewegen, und von den Menschen, die seinen Lebensweg begleiteten.
Jonas' zentrales Thema ist:»Unsere Umwelt ist wie ein Raumschiff, das nicht vergrößert werden kann. Genau da entsteht ein Mißverhältnis. Wer dachte früher schon an den ganzen Erdball, wer dachte schon an kommende Jahrhunderte!« Jonas geht neue Wege zur Unterscheidung zwischen konventioneller Ethik und der heute notwendigen Fernverantwortung. Er klagt die gedankenlose Ausplünderung und gewissenlose Zerstörung des Planeten an. Für ihn muß zum Gebot der Nächstenliebe die Aufforderung zur Fernstenliebe hinzutreten.
Jonas widerspricht dem unbegrenzten Fortschrittsglauben und der marxistischen Zukunftsutopie.»Wenn es ein Prinzip Hoffnung gibt, dann nur als Hoffnung darauf, daß der Mensch sich auch selber Einhalt gebieten kann.«
1987 wurde Hans Jonas mit dem Friedenspreis des Deutschen Buchhandels ausgezeichnet.

Bücher aus dem Lamuv Verlag